本书受到北京市教育委员会科技计划项目（KM201611417004）和
资源与环境信息系统国家重点实验室开放基金的资助

北京市
历史文化街区意象的
游客感知研究

彭霞　著

中国环境出版集团·北京

图书在版编目（CIP）数据

北京市历史文化街区意象的游客感知研究 / 彭霞著 .—北京：中国环境出版集团，2023.5

ISBN 978-7-5111-5532-0

Ⅰ.①北… Ⅱ.①彭… Ⅲ.①城市道路—旅游区—研究—北京 Ⅳ.①F592.71

中国国家版本馆 CIP 数据核字（2023）第 101941 号

出 版 人 武德凯
责任编辑 韩 睿
封面设计 彭 杉

出版发行 中国环境出版集团
（100062 北京市东城区广渠门内大街 16 号）
网 址：http：//www.cesp.com.cn
电子邮箱：bjgl@cesp.com.cn
联系电话：010-67112765（编辑管理部）
010-67112736（第五分社）
发行热线：010-67125803，010-67113405（传真）

印 刷 北京中献拓方科技发展有限公司
经 销 各地新华书店
版 次 2023 年 5 月第 1 版
印 次 2023 年 5 月第 1 次印刷
开 本 787×1092 1/16
印 张 11.5
字 数 183 千字
定 价 69.00 元

前言

PREFACE

历史文化街区的保护与复兴是城市历史文化传承的重要任务。北京市先后分三批划定了43片历史文化街区，其中旧城33片历史文化保护区总占地面积约1 967公顷，约占旧城面积的31%。历史文化街区承载着城市发展的记忆，无论是街区内的名人故居、胡同还是四合院等都反映着城市的发展脉络，展现着古都风韵。同时，历史文化街区具有很高的旅游开发价值，是中外游客体验老北京、感受新北京的重要场所。在《历史文化名城名镇名村保护条例》《北京历史文化名城保护条例》《北京城市总体规划（2004年—2020年）》《北京旧城25片历史文化保护区保护规划》《北京城市总体规划（2016年—2035年）》《北京历史文化街区风貌保护与更新设计导则》等相关法规、规划的指导下，北京市历史文化街区保护在景观环境整治及文物古迹修缮等方面取得了显著成绩。然而，历史文化街区在旅游开发的过程中也出现了一些问题，如过度商业化和风貌同质化问题，既不利于展现本地特色风貌，也割裂了街区的历史文脉。此外，在开发过程中，一些历史文化街区的本地居民不断流失，街区的居住功能减弱，丧失了滋养传统市井民风的土壤，使得历史文化街区成为迎合外来旅游者的“吃喝玩乐一条街”“酒吧一条街”。因此，如何处理好历史文化街区保护和旅游开发的关系，切实做到在保护中发展、在发展中保护，使得历史街区的旅游利用既可以满足游客的获得感，又能够促进街区的保护和复兴，是一个值得探讨的问题。了解游客对北京历史文化街区的主观印象，对于提升游客体验以及历史文化街区的保护与开发具有重要的参考价值。

本书在梳理北京市历史文化街区现状的基础上，依据街区用地性质与功能，从北京市历史文化街区中选出商业型、居住型、文教型代表性街区作为研究案例，从点评游记网站（如马蜂窝、TripAdvior）以及图片分享网站（如Flickr）等社交媒体中抓取用户生成内容（UGC）数据，形成蕴含文本、图片和地理位置信息的多源异构社交数据集，构建游客对北京历史文化街区的感知意象，揭示游客的时空行为（去哪里）、话题语义（说什么）和凝视场景（看什么）；而后，对国内外游客开展随机问卷调查，与基于社交数据的游客意象进行相互验证，并分析历史文化街区客体因素对游客意象的影响作用；进一步地，根据北京市入境游客主要客源市场，对北京市入境游客按文化群体进行细分，通过TripAdvior中的多语种游记进行不同文化群体游客的历史文化街区意象对比；最后，基于游客对历史文化街区的意象感知差异，提出历史文化街区形象提升与旅游利用的方法和建议。

本书可为旅游管理、城市地理、历史地理、城市规划及相关领域的学生、研究者提供参考，也可供旅游、地理和规划之外的研究者在进行社交媒体数据分析时参考。

全书分为8个章节。第1章概述了北京市历史文化街区的现状与保护规划；第2章介绍了历史文化街区意象研究的理论基础与动态；第3章介绍了北京市历史文化街区游客意象感知研究的总体设计，包括研究区域选取、研究思路与研究方法；第4章至第7章为北京市历史文化街区意象感知的结果，分别从基于网络游记的游客意象构建、基于图片分析的游客意象感知、游客意象影响因素及不同文化群体的意象感知差异 4 个方面由浅入深、循序渐进地进行论述；第 8 章提出了历史文化街区形象提升与旅游利用建议。

感谢我的学生张晓艺、郑嘉晖、余月月、李庭泽、王云，他们协助我完成了第 4 章至第 7 章的数据获取和数据分析的工作。

随着大数据时代的到来，使用社交媒体等大数据作为研究数据，借助数据融合、机器学习等计算机人工智能方法来分析数据，已成为研究与解释人类行为与社会运行规律的一种新的范式，其目的在于克服问卷调查、访谈等既有社会学研究方法的局限与不足。本书在社交大数据的获取与应用以及基于社交数据的质性研究方面进行了探讨，未来还需进一步运用机器学习方法对社交数据进行挖掘，开展质性研究与定量研究相融合的混合研究。本书内容不免有错漏与不完善之处，敬请广大读者批评指正。

彭　霞

2022 年 8 月

目 录

CONTENTS

1

北京市
历史文化街区
概述

历史文化街区这一术语在《历史文化名城保护规划标准》（GB/T 50357—2018）中译为“Historic Conservation Area”，即受到保护的历史性区域。“area”本义为地方、城镇、国家或世界的一部分（a region or part of a town, a country, or the world），此处接近于“区域”的含义，区别于西方传统社会对“街区”（block）的定义——城镇或郊区中以4条街道为界的地区（the area bounded by four streets in a town or suburb）。

中国的历史文化街区，尤其是北京老城历史文化街区，其划分更多地受到中国传统文化和地方历史沿革的影响，在一定意义上沿袭了传统的“坊市制”中对“坊”（居民区）的界定。街区是以区域历史地理沿革和实际职能为参照，打破既有的街道格局，将多个居民区整合成的城市人居的基础单元。每个街区的占地面积和平均人口不等。

1.1 历史文化街区保护思潮的发展

第二次世界大战时期，许多国家的历史文化环境如中国的宛平县、团河行宫和茅山道院，英国的考文垂大教堂，德国的勃兰登堡门与俄罗斯的“博物馆城”圣彼得堡（当时名为列宁格勒）等遭到破坏，城市需要重新建设，百废待兴。在重建过程中，人们逐渐意识到一个城市不能只有未来没有过去，于是开始立法保护历史文化街区。1913年12月31日，法国颁布的《历史古迹法》是世界上第一部保护文化遗产的现代法律。

迄今为止，历史文化街区的保护共经历了3次保护思潮。第一次保护思潮的关注点集中在保护单体建筑、构筑物以及其他遗迹上。国外关于历史遗产保护的工作开始得较早，英国、法国等在20世纪初就颁布了有关文物古迹保护的法律法规。随后，第二次保护思潮的保护范围扩大到历史建筑群、城市景观和建筑环境，这一时期对历史遗产保护推进工作起到划时代意义的纲领性文件是1931年第一届历史纪念物建筑师及技师国际会议通过的《关于历史性纪念物修复的雅典宪章》（以下简称《雅典宪章》）。《雅典宪章》将“除了视觉的、建筑的和历史的品质外，对地区功能特征以及对保护建筑有利的经济功能的考虑都作为了保护的重点”。第二次世界大战后，人口的快速增加和城市大规模的开发建设，导致许多城市原有的历史文化环境遭到严重破坏，于是激发了第三次保护思潮。这一时期人们开始更加重视历史文化遗产的保护，如欧洲许多国家在20世纪60年代前后相继颁布了各自的历史遗产保护政策，具有针对性的地方性保护政策的制定成为主角，“历史地段”“历史地区”“历史城区”等概念也正是在保护工作实践中逐渐形成的。历史地段当前与未来的土地利用、交通系统、地区人口及社会结构等，都应包括在实施保护时必须考虑的范畴。与早期的保护政策关注遗产本身的历史特性相比，现在的保护政策更注重遗产的未来。

我国对历史文化街区的保护起源于对文物建筑和历史文化名城的保护。20世纪60年代初期，我国形成了自己的文物保护制度。之后，随着经济的发展和城市化进程的加快，城市大规模的开发建设导致许多城市的历史文化环境遭到破坏。在这样的背景下，我国于1982年公布了包括北京、承德、大同、南京、苏州等24个城市在内的全国首批历史文化名城的名单。在随后的保护实践工作中，由于街区保护的可操作性较强，逐步形成了“历史文化保护区”等相关概念。1985年，国务院采纳了建设部城市规划司设立“历史性传统街区”的建议。1986年，国务院在公布的第二批国家历史文化名城的文件中明确了历史街区、建筑群等也应当纳入保护范畴，从此填补了微观文物古迹保护与宏观历史文化名城保护之间的空白，形成了不同层次的完整的保护体系。

1.2 北京市历史文化街区现状

北京是中国首都，是1982年我国首批选定的历史文化名城之一。2015年住建部与国家文物局公布的全国首批30个中国历史文化街区中，北京市有3片历史文化街区入选，包括皇城历史文化街区、大栅栏历史文化街区和东四三条至八条历史文化街区。自1993年以来，北京市先后分3批划定了43片历史文化保护区（即历史文化街区），其中33片分布在北京老城内，总占地面积约1 967公顷，约为老城面积的31%。老城33片历史文化街区的名单如下：

1993年公布第一批25片保护区名录，包括南长街、北长街、西华门大街、南池子、北池子、东华门大街、文津街、景山前街、景山东街、景山西街、陟山门街、景山后街、地安门内大街、五四大街、什刹海地区、南锣鼓巷、国子监—雍和宫地区、阜成门内大街、西四北头条至八条、东四三条至八条、东交民巷、大栅栏、东琉璃厂、西琉璃厂、鲜鱼口。

2002年《北京历史文化名城保护规划》公布第二批15片保护区名录，包括皇城①、北锣鼓巷、张自忠路南、张自忠路北、法源寺。

2005年《北京城市总体规划（2004年—2020年）》公布第三批3片历史文化街区，包括新太仓、东四南、南闹市口。

北京老城具有清晰的基于浓厚历史底蕴的空间格局，中轴线、长安街、环城路以及若干条东西、南北方向主要道路构成了老城的基本空间骨架；河流水系、街巷胡同和公共空间形成了丰富的网络化空间；宫城、皇

---

① 皇城历史文化街区位于世界文化遗产故宫周边地区，是历史上北京皇城所占范围，包括南长街、北长街、西华门大街、南池子、北池子、东华门大街、景山前街、景山东街、景山西街、景山后街、地安门内大街、文津街、五四大街、陟山门街共14片历史文化街区。

城、内城、外城形成了层次清晰的空间圈层结构。老城内现有国家级文物保护单位67处，市级文物保护单位128处，区级文物保护单位123处；挂牌保护院落658处，名人故居170处，优秀近现代建筑34处，胡同1 320条，这些历史文化遗产很多分布在北京老城的33片历史街区内。规划划定的33片历史文化街区，加上老城内文物保护单位的保护范围和建筑控制地带，使得处于南北中轴线上的皇城、后海、钟鼓楼地区以及前门外的大栅栏、天坛、先农坛等地区连成一片，形成了以传统中轴线为骨架的老城历史精华地段核心保护区域，体现了北京老城保护的整体格局与风貌特色。

老城历史文化街区保留了大量历史建筑物和真实的居民生活痕迹，它们不仅是历史文化传统的具体承载物和典型代表，也是老北京城的缩影。不同的历史文化街区具有不同的文化内涵和历史价值，在北京老城整体中发挥着不同的作用和特色定位。老城历史文化街区大致可分为皇城保护街区、传统商业保护街区、传统胡同住宅保护街区、寺庙建筑保护街区、近现代建筑保护街区以及风景名胜综合保护街区等类型。其中，皇城保护街区及其周边地区拥有我国现存唯一的、规模最大的、最完整的皇家宫殿建筑。中轴线两侧的什刹海、南锣鼓巷、大栅栏等历史街区，拥有老字号商铺、传统和现代商业业态，体现了京城传统的生活居住与商业特征，是城市商业、文化、旅游综合发展的核心地段。典型的传统居住街区，如白塔寺、北锣鼓巷、东四等历史街区，完整保留了传统的胡同街巷、四合院肌理，呈现了北京老城典型的院落与街坊生长模式，是老北京市民文化——“胡同文化”的载体。

1.3 北京市历史文化街区的保护规划历程

北京深厚的历史底蕴和文化遗产是一笔宝贵的财富，也是北京市旅游吸引力的重要组成部分。北京历史文化街区承载着老北京城的风貌特色、商业活动和市井生活，是中外游客体验老北京文化底蕴的重要场所。此外，随着人们物质生活越来越富足，人们的历史保护意识和精神诉求逐渐苏醒，保护历史文化遗产的需求日益高涨。近20年来，北京市历史文化街区保护取得了显著成效。

北京历史文化街区的保护可追溯到1982年，北京被选定为首批历史文化名城之一。在那时我国就已经注意到，不仅要保护历史文物，还要保护历史文化名城。1986年，国务院批转建设部、文化部《关于请公布第二批国家历史文化名城名单报告的通知》中提出，对于一些文物古迹比较集中，或能较完整地体现某一历史时期的传统风貌和民族地方特色的街区、建筑群、小镇、村寨等，可根据其历史、科学、艺术价值，公布为"历史文化保护区"。1992年，北京市政府公布了第一批25片历史文化保护区（即历史文化街区）名单，但直至1999年才公布第一批历史文化保护区保护范围。

1997年，历史文化名城、历史文化保护区、文物保护单位三级保护体系确立，建设部和国家计划委员会、财政部于1997年年底共同设立了历史文化名城专项保护资金，对国家级历史文化名城中的重要历史街区的保护整治和改善基础设施、环境条件等，给予资金的援助。2002年通过的《中华人民共和国文物保护法》确定了"历史文化街区"的概念，自此，只有法定保护的区域才称为历史文化街区。2008年，国务院《历史文化名城名镇名村保护条例》施行，再次明确了"历史文化街区"这一法律概念。《历史文化名城名镇名村保护条例》要求保护和延续历史文化名城、名镇、名村的传统格局和历史风貌，维护历史文化遗产的真实性和完整性，正确处理经济社会发展和历史文化遗产保护的关系。

2000年，北京市组织并完成了《北京旧城25片历史文化保护区保护规划》的编制。2002年，《北京旧城25片历史文化保护区保护规划》正式颁布实施，同年颁布实施的《北京历史文化名城保护规划》中增加了第二批历史文化保护区（即历史文化街区），老城内的 5 片。2004 年，《北京城市总体规划（2004 年—2020 年）》新增了第三批历史文化保护区，老城内的 3 片，至此北京老城内共有 33 片历史文化街区。第二批、第三批历史文化保护区也相应编制了保护规划。2005 年，《北京历史文化名城保护条例》颁布实施。《北京历史文化名城保护条例》规定了北京历史文化名城的保护范围，包括旧城的整体保护、历史文化街区和文物保护单位及具有保护价值的建筑的保护，并将“降低旧城人口密度”写入法规。

从 2016 年开始，北京市对历史文化街区施行了多次修复计划。例如，东四胡同的封墙堵洞、违建拆除和文物修缮计划；南锣鼓巷自行申请取消了国家 3A 级景区资质等。2017 年，《北京城市总体规划（2016 年—2035 年）》发布，再次将老城整体保护写进规划（图 1.1）。按照规划，北京将保护老城原有棋盘式道路网骨架和街巷胡同格局，保护北京特有的胡同—四合院传统建筑形态，进一步扩大历史文化街区的保护范围。中心城区范围内其他需要成片保护的地区（如风貌协调区、其他成片传统平房区）也可参照历史文化街区规划、管理。

2019 年，北京市规划和自然资源委推出《北京历史文化街区风貌保护与更新设计导则》（以下简称《导则》），使街区在具体规划、设计及建设时有规可依、有章可循，以更加精准地设计、修补和更新来实现街区风貌保护与城市规划的有机统一。在内容上，《导则》分为街区整体风貌保护、建筑风貌保护和控制、街巷空间及附属设施 3 个层次，并按类别归纳了 10 项保护要素和 10 项整治要素。《导则》强调了对街区天际线、整体形态特征、色彩基调、景观视廊等元素的保护，还将人口构成、街区功能和社区结构、传统文化和非物质文化遗产等非物质要素纳入保护范围。

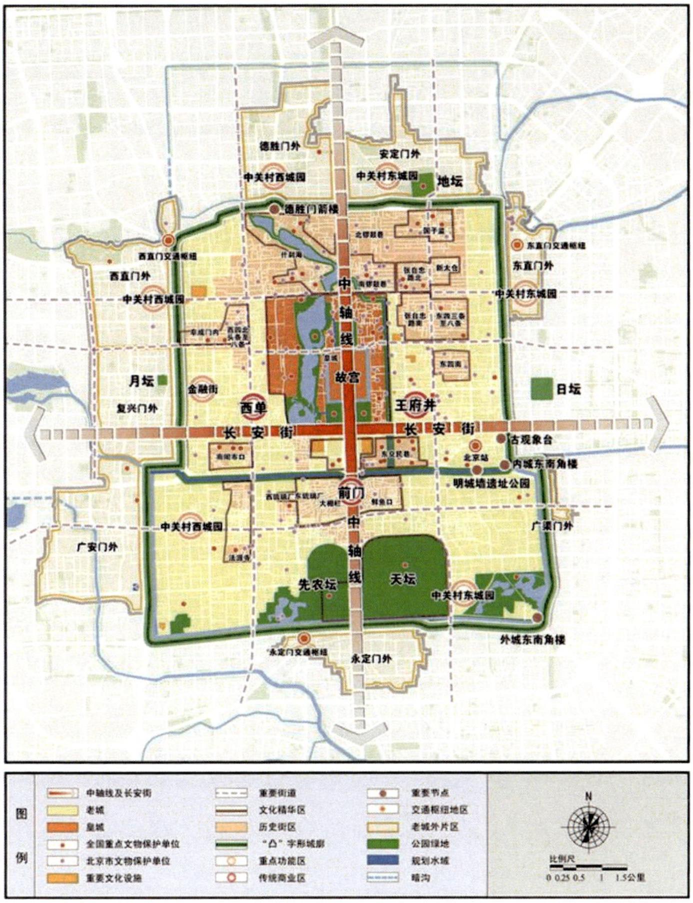

图 1.1 北京城市总体规划图

资料来源：《北京城市总体规划（2016 年—2035 年）》，北京市规划和国土资源管理委员会。

2020 年，北京市规划和自然资源委员会发布了《首都功能核心区控制性详细规划（街区层面）（2018 年—2035 年）》，将北京历史文化街区占核心区总面积的比重由现状 22% 提高到约 26%，占整个老城面积的 38% 左右。主要保护措施包括：加强老城整体保护；不断拓展保护类型，将传统胡同、历史街巷、传统地名、历史名园等纳入核心区保护对象，持续扩大保护面积；加强历史文化资源的展示利用，积极推动核心区内被不合理使用的文物、历史建筑腾退，鼓励文物、历史建筑开放及合理利用，在妥善保护的前提下，更好地发挥其公共文化属性及社会价值；建设文化探访路，整体增强历史文化遗产展示水平。

2021 年 3 月 1 日，新版《北京历史文化名城保护条例》施行，首次将北京历史文化名城的保护范围扩大到全域。该条例将老城整体保护作为重中之重，严格落实“老城不能再拆了”的要求，同时加强三山五园①地区和大运河文化带、长城文化带、西山永定河文化带 3 条文化带保护，并明确了包括历史建筑、历史文化名镇、传统胡同、历史街巷等在内的 11 类具体保护对象。该条例提出对北京历史文化名城实行“保护名录制度”，同时核定公布首批革命文物，推进革命文物保护单位保护规划编制工作。该条例将推动重点文物的腾退整治，优化遗产周边环境和城市风貌，在三山五园地区，实施大尺度绿化建设，恢复水系、湖面，局部再现京西稻田景观。该条例提出实行“保护责任人制度”，明确任何单位和个人都有保护义务，同时也有提出意见建议和监督举报的权利和责任。《北京历史文化名城保护条例》鼓励和支持保护对象合理利用、有序开放，明确鼓励、支持或者限制、禁止的活动。历史建筑可依法转让、抵押、出租，鼓励引入图书馆、博物馆、美术馆、实体书店、非遗展示中心等文化服务功能。该条例在北京历史文化名城保护该“保什么”“谁来保”“怎么保”“怎么用”方面，给出了更加明确的答案。

---

① 三山五园是对北京西北郊、以清代皇家园林为代表的历史文化遗产的统称。三山指万寿山、香山、玉泉山，五园指颐和园、静宜园、静明园、畅春园和圆明园。

2

历史文化街区意象研究的理论基础与动态

2.1 旅游目的地形象

形象（image）的定义主要有两种：一是客观存在的，能够引起人的思想、情感活动的具体物态；二是人们凭借听觉、视觉、触觉等感官感受到的、在大脑中形成的有关某种客观事物的主观印象，也称“知觉”或“感知”，即各种客观事物在人头脑中的再现。

Boulding（1958）最早提出“形象”的概念并将之作为人类社会科学和经济活动的属性加以讨论，他认为形象是主观的知识而并非事实，是个体基于其所能够得到的不全面、不正常的信息而形成的综合观点。Hunt（1975）提出形象是人的信念、思想和印象的总和。Lawson（1977）认为形象是针对特殊的对象或场所，人的知识、认知、偏见、想象和情绪思维等的综合表现。综上可知，形象属于认知层面，而不是事物本身，因而不可避免地受个体的知识背景、价值观念、社会角色及认知过程等多种主客观因素的影响，具有个人化、个性化的特点，不同个体对同一事物的感知可以截然不同。

旅游目的地形象即游客对目的地的印象，也称旅游形象或目的地形象。自 20 世纪 40 年代以来，旅游学术界逐渐细化了旅游目的地形象的定义：Hunt（1975）将旅游目的地形象定义为“旅游者内心对于观光地的印象与感觉”，并认为目的地形象是影响游客决定旅游地的核心要素；Crompton（1979）认为旅游目的地形象是旅游者在旅行过程中从目的地获得的印象，也是对地方的一系列观念、想法和印象的总和；Asseal（1998）将旅游目的地形象定义为游客在较长时间内通过各种渠道得到信息，并对这些信息进行一定的处理后对旅游目的地产生的认知。由此可知，与“形象”相似，“旅游目的地形象”也属于认知层面，是产生于游客意识中的、经过游客主观情感修饰的目的地印象。对旅游目的地形象的研究，实质上就是针对游客对特定目的地形象感知开展的研究。

随着目的地形象研究的逐渐深入，从游客角度出发的旅游目的地形象认知研究也引起了学术界的关注，并逐渐成为当前旅游学研究的热点。Gunn（1988）最早提出原生形象和诱导形象的概念，前者是游客未到达旅游目的地之前形成的印象，是游客对目的地的形象构想或形象预期，后者是游客完成旅游活动后，根据亲身旅游经历，对先前产生的目的地形象进行修正、补充和完善后的目的地印象。Asseal（1998）则将旅游目的地形象作为一个整体进行研究，他认为旅游目的地形象是随着时间的变化，游客对多种信息来源进行处理后，自发形成的关于目的地的整体感知。Crompton（1979）综合了 Gunn 和 Assael 的理论，认为在旅游者旅游前后及整个过程中，受其自身对目的地认识程度加深和情感变化的影响，旅游目的地形象处于不间断的变动中，并据此将目的地形象按形成过程划分为原始意象、诱发意象、复合意象 3 类。Gartner（1994）将旅游目的地形象分为认知形象、情感形象、意动形象 3 个部分。其中，认知形象是游客对旅游目的地特征的感知结果，在形式上是主观的，而内容上是偏向客观的；情感形象是受旅游者主观意愿影响的，带有情感色彩的目的地形象；意动形象是游客基于前两者产生的、在选择旅游目的地时表现出的倾向性。Baloglu 和 Brinberg（1997）提出“认知—情感”模型，认为旅游目的地形象受到旅游者对目的地的客观认知和主观情感的共同作用，目的地的口碑、官方宣传、专业建议以及游客的年龄、学识等客观因素会影响游客对目的地的认知形象，而游客的社会心理特征、旅游动机等因素则会影响游客对目的地的情感形象。认知形象和情感形象二者相互作用、补充，共同构成目的地的整体形象。Baloglu 和 McCleary（1999）将旅游目的地形象分为认知形象、情感形象和整体形象。整体形象是建立在认知形象和情感形象基础上的旅游目的地整体印象。此外，Grosspietsch（2006）根据供给者的不同，将目的地形象划分为游客感知形象和目的地投射形象，前者是旅游者对旅游目的地产生的实际印象，后者是旅游经营商或景区意图在旅游者心目中树立的形象。

大约从2000年起，我国开始出现旅游目的地形象的相关研究，相比国外起步较晚。早期的文献大多是国内学者对国外旅游目的地形象研究成果的综述，理论研究和实证研究较少。近年来，随着我国旅游业的迅速发展，旅游产业逐步成为国家经济增长的重要贡献产业之一。旅游目的地形象研究也因此逐步获得旅游学界的关注，旅游目的地形象研究不断深入，国内学者在此领域的原创性研究上也有了一定的进展。

2.2 城市意象理论

城市意象研究始于20世纪60年代，凯文·林奇开创性地把心理学领域的意象研究拓展到城市研究领域，最先创立了城市意象（Image of the city）理论，即通过视觉感知城市的物质形态，认知城市而形成意象。凯文·林奇认为城市总体形态由区域、边界、节点、地标和道路5类要素构成，再加上单体建筑的外观，共同组成城市物质环境的视觉秩序。

城市意象理论研究人类行为和城市环境的关系，其核心是人们对物质环境的知觉（对城市形态的知觉），以及形成的心理意象（外部世界的主观反映）。意象指导人们对环境做出适应、选择和控制等行为决策。凯文·林奇提出了城市形象的建设目标——易识别性（Legibility）或可意象性（Imageability），并以此作为城市空间形态的评价标准。城市意象研究可以发掘城市物质形态组织的规律，而不同的城市规律不同，正是这种

"不同"形成了城市特色，造就了人们对各个城市的特殊体验。

凯文·林奇（2001）的城市意象理论使原本主观的意象研究成为一个较为理性的过程。过去几十年间，城市意象理论在国际范围内得到了广泛应用，他所采用的问卷调查、访谈和绘制意向草图的社会学调查方法也被后续的研究者广泛采用。李郇等（1993）通过问卷调查研究了广州市民城市意象；顾朝林等（2001）通过照片辨认和认知地图调查对北京城市意象进行了研究，发现构成北京市意象的要素主要是道路、标志和节点。由于城市意象是人们对城市的主观感知，而城市的复杂性与动态性，以及个体的社会阶层、文化背景与生活经历等方面的差异导致了不同群体之间对城市意象的感知差异。之后的学者逐步在研究过程中引入观察者的社会文化背景因素，如 Lee（2009）对比了本地居民和外地游客对旅游地意象感知的差异；白凯等（2011）研究了不同文化群体（如不同国籍和不同语系群体）对中国旅游目的地意象感知的差异。还有一些学者专门开展了针对外来游客的城市意象研究，如田逢军等（2008）通过照片与意象草图调查相结合的方法，对南昌市游客的旅游地意象空间进行了研究。徐磊青（2012）通过系统地梳理和分析中国城市意象的研究文献，总结出中国城市意象研究的三大主题：基于凯文·林奇五要素模型的城市意象要素识别和城市空间结构研究，以揭示城市特色为目的的独特性城市意象要素研究，以提供城市空间品质为目的的意象元素评估性研究。

城市意象自提出至今，其研究内容与研究方法也在不断发展。凯文·林奇的五要素理论构成了对城市意象物质空间结构研究的基础。然而，随着后现代主义、女性主义等思潮的兴起，许多学者对凯文·林奇的结构型研究方法提出了质疑，批判其只关注构成城市的实体环境，而忽略了城市中影响意象形成的"社会意识、风土人情、历史变迁、城市功能"等因素，并认为城市意象不仅包含看得见、摸得着的城市视觉形态感知，还应包含更为复杂的由市民活动所赋予的社会与文化意义。城市意象的研究已经从单纯的城市物质空间结构发展到以城市物质空间为主，并加入城市文化、社会行为等非物质要素。城市意象的研究方法，也从认知地图、调查问卷等传统社会科学研究方法发展到来自社交媒体的地理照片、文本数据等新数据方法；研究模式从单个城市的城市意象的描述性研究发展到多个城市特征识别的类型学研究和比较研究。Liu 等（2016）使用 Panoramio 和 Flickr 照片数据集，利用深度学习技术对照片进行意象分类，统计分析了全球 7 个典型城市的意象要素类型特征与空间分布特征，并探讨了各个城市在意象类型上的相关性和差异性；Peng 等（2020）基于新浪微博签到数据，对比了本地市民和游客对北京市的意象感知差异。

随着社会科学的不断发展，“意象”也被不断地引入其他学科领域，如市场营销学、旅游学、人类学等，并得到了有效、广泛的应用。历史文化街区作为城市区域中的一部分，其研究与城市旅游意象研究存在交叉，城市意象理论同样可被引入历史文化街区的研究中。

2.3 旅游目的地情感评价

由 Baloglu 和 Brinberg 的“认知—情感”模型可知，对旅游目的地形象感知的研究包含对游客情感形象的研究，而人类情感的主观性和丰富性决定了形象研究不仅需要明确情感和感知的心理学定义，还需要构建合适的分析模型。

情感是人在经历多次对某一外界事物的感知而产生的情绪体验后，针对该事物形成的具有长期性和相对稳定性的体验态度。心理学上的情绪分为快乐、悲伤、愤怒、厌恶、恐惧、惊讶等 6 个基本类别。这 6 类基本情绪在具体事务和场景的作用下叠加并演化，进一步衍生出更加复杂的情绪，即相对复杂的情绪由基本情绪构成，复杂情绪之间会出现高度关联性。在不同的划分依据下，人类情感可以划分为多种体系：最为基础的常见的划分标准是将人类情感分为积极和消极两大类。前者包括快乐、爱、愉悦、轻松等情绪，后者包括恐惧、悲伤、愤怒、厌恶等情绪。旅游作为一种休闲娱乐行为，游客在此过程中多产生积极的情绪；旅游环境的不确定性、出游前旅游期待和实际体验的差距有可能导致消极情绪的产生。

人类情绪的复杂性决定了情绪划分理论的复杂性，情绪分析的代表性理论包括 Plutchik 的情绪三维模式图、Izard 的情绪四维理论和 Russell 的情绪环状模型等。

Plutchik（1980）提出了情绪三维模式图（图 2.1），反映情绪强度的变化和不同情绪之间对立的性质和关系。人类情感在性质、强度等方面存在两极绝对的、连续的背离倾向，即情感的两极性，具体表现为肯定与否定、积极与消极等方面。Plutchik 将人类情绪划分为警惕、狂怒、憎恨、悲痛、惊奇、恐惧、接受和狂喜 8 个基本类别，处于空间模型的中心，其情感强度最为强烈，8 个基本情绪沿半径向外分别对应性质相同、强度减弱的相关情绪。三维模式图中距离相近的两种情绪近似，互为对顶角的情绪互相对立。

Izard（1977）提出情绪的四维理论，认为构成人类情绪的 4 个维度分别为紧张度、激动度、愉悦度以及确信度。紧张度和激动度表示人类个体情绪的生理刺激水平，前者是个体对突发性情绪环境产生应激反应的程度，后者是反映个体兴奋的程度，愉悦度是个体主观体验的愉悦程度，确信度代表个体对情绪的承受能力。借助因子分析法，Izard 还提取了人类的 18 种基本情绪：兴趣、惊奇、痛苦、厌恶、愉快、愤怒、恐惧、悲伤、惊奇、痛苦、厌恶、愉快、愤怒、恐惧、悲伤、害羞、轻蔑和自罪感。

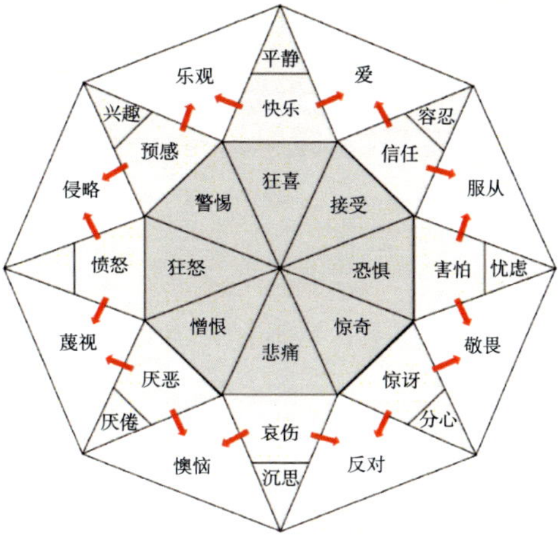

图 2.1 Plutchik 情绪三维模式图

Russell（1980）提出了情绪环状模型（图 2.2）。他认为情绪可分为两个维度：效价和唤醒度。效价，又称愉悦度，指情绪是积极的（愉快）还是消极的（不愉快），唤醒度指情绪的激烈程度，范围为中等强度—高等强度。由此可以组合成 4 种情绪类型：愉快—高等强度是高兴，愉快—中等强度是轻松，不愉快—中等强度是厌烦，不愉快—高等强度是惊恐。

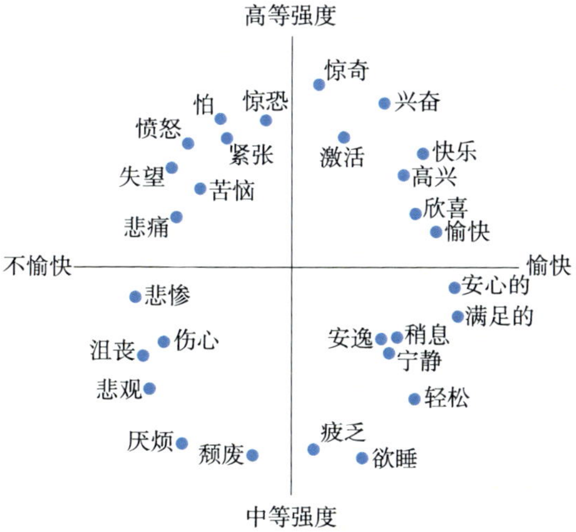

图 2.2 Russell 的情绪环状模型

Hosany（2012）通过因子分析法提出情感意象在情绪负极到情绪正极的维度分布，确定了5类情感意象：负面的、冷漠的、混合的、激昂的、高兴的。在旅游目的地情感评价研究中，识别出快乐、爱和惊喜3个主要的情感维度。

基于情感分类理论的旅游目的地形象实证研究如下：

皮瑞（2018）在基于营销图片和旅游图片的旅游目的地研究中使用了Russell的情绪环状模型（图2.2），将游客表征的旅游地意象隐性评价归结为干净的、独特的、拥挤的、宁静的、友好的、商业化、放松的、愉悦的、兴奋的、激动的等种类并分别计算得分均值，获得游客通过照片表征的少林寺整体感知情况，得出该旅游地印象给游客留下较为积极的印象和难以激发潜在旅游者旅游意愿的结论。

韦晨（2017）在对秦淮河风光的游客感知形象的研究中，使用情感分析法构建旅游情感词典，将游客表达情感的形容词或动词提取出来，根据情感词的极性进行打分，并对程度词、否定词等修饰限定成分进行赋值，求出各次类目的情感均值，并结合李克特量表将情感均值划分为非常满意、满意、一般满意、不满意和非常不满意5个区间，实现了情感形象的定量测度。

金晴（2018）在熟悉度对旅游目的地形象影响的研究中同样使用了Russell的情绪环状模型，将旅游目的地的情感形象分为兴奋性、满意度、吸引力以及舒适度等4个层次，并用五点式李克特量表进行了测量，分别为清醒的—欲睡的、令人兴奋的—令人沉闷的、快乐的—厌恶的、放松的—压抑的，最后得出认知形象因素和情感形象因素之间存在正相关关系，情感形象因素和游客满意度之间存在正相关关系的结论。

由此可知，旅游目的地情感形象是游客在旅游活动开展或者结束后产生的综合情绪叠加之后形成的体验态度的一种情感表达。相对于构成维度和测量方法清晰的认知形象，旅游目的地的情感形象更偏向于主观感受，具有更高的自由度和随意性，需要识别主观词句、提取对应的主题特征并计算情感极性值。在研究游客对旅游目的地形象感知的过程中，为更高效地判断、研究并解释游客对某一具体目的地的旅游偏好和情感特征，有必要针对目的地情感评价和情感形象的研究建立灵活机动的评价模型。

2.4 文化群体

文化是指拥有相同或相似生活环境和教育的群体在长期依赖中形成的民族特有的思想情感、民族意识和文化氛围，体现在语言、价值观、思维方式和风俗习惯等各个方面。不同群体、国家或地区的文化体系因价值取向、思维模式和行为方式不同而千差万别，从而导致文化差异，形成不同的文化群体。

文化群体的划分主要依据客源地的地域及文化特征。如 Kaplanidou（2009）以客源地为依据比较了欧洲、北美和亚洲群体；Ronen 和 Shenkar（1985）根据语言、宗教和地理位置将世界各国划分为盎格鲁文化群体、德国文化群体、北欧文化群体、拉丁语系欧洲文化群体、拉丁美洲文化群体、近东文化群体、远东文化群体、阿拉伯文化群体与独立文化群体共 9 类文化群；马耀峰等（2008）按照客源地的地域及文化特征将来华入境游客分为欧洲文化群体、东亚文化群体、北美文化群体和澳洲文化群体；张宏梅等（2006）以语系文化为切入，对比了盎格鲁语系和汉语系旅游者，发现两个文化群体在认知形象和情感形象上均存在差别。此外，国家文化群体也可根据研究需要进一步划分，一般可根据地域或方言对文化群体进行细分，例如，根据中国地域文化，将游客分为京派文化群、海派文化群、中原文化群、巴蜀文化群和岭南文化群 5 个亚文化群体。

对文化群体开展研究较早的是 Richardson 和 Crompton 两位学者，他们通过语系文化将说英语和说法语的加拿大人视作两个文化群体，采用实证研究比较不同文化群体的目的地形象感知（Richardson and Crompton，1988）。之后的国家文化模型提出以国家为边界划分文化群体，不同文化群体目的地形象比较研究也随之跟进。Hudson 等（2011）以国家为边界比较了美国、加拿大和希腊 3 个不同群体的目的地形象。Lee（2009）将关岛作为研究目的地，对比韩国和日本休闲旅游者，发现两个文化群体在重要性—表现性的认知上存在明显差异。贾跃千等（2009）对比了日本、韩国和欧美旅游者对杭州目的地形象的差异。白凯等（2006）以北京为例，使用量化方法研究了不同文化背景的入境旅游者，发现他们在许多维度都存在差异，并认为该差异正是由文化差异引起的。

不同文化群体目的地形象感知逐渐受到学术界关注，并取得一些研究成果。文化群体的分类方法主要有 3 类：①以国家边界为依据的客源地地域分类；②以语系为依据的文化特征分类；③在一个国家内部依据地域或方言的内文化群体划分。前两者属于跨文化群体研究，比较不同国家文化群体的目的地形象；而后者是对国家文化群体进一步细分而来的内文化群体的旅游目的地形象进行比较，且目前有关内文化群体研究很少。同时，目前对不同文化群体的研究多集中在语系文化或客源地地域等单一方面，从两个方面（地域及语系）对不同文化群体的目的地形象感知差异进行交叉分析的研究较少。

2.5 地方依恋

地方依恋理论起源于环境心理学，Shumaker 和 Taylor（1983）认为地方依恋是人们与其居住地之间的情感联结，是个体表现出的与特定地方相接近的情感倾向，是一种积极的情感。Williams 等（1989）对“地方依恋”的定义：人在特定的场所或环境中进行活动时产生的依赖，是一种独立于客观环境之外的心理过程。地方依恋理论经过多年研究，现已成为人文社科中重要的概念，涉及心理学、旅游学、城市学、人文地理学等多个学科领域。

在旅游学领域中，地方依恋主要被用来解释个体（游客或旅游地居民）与场所（旅游地）之间的关系，并应用于旅游目的地管理和营销。旅游形象是基于认知的，地方依恋是基于情感的，地方依恋是旅游者在特定认知水平下产生的个体情感，因此认知层面的旅游形象是地方依恋的基础，人们对特定地方产生认知形象继而融入个人情感，最终生成对场所的依恋之情。具体来说，依恋的地方会使人们产生安全、放松、愉悦等正向情感，也会引发人们相应的行为特征，如对某个地方的亲近倾向、在该地特定的行为模式等。这种人地之间的情感缔结可能源于人们对地方的记忆或想象、对地方知识和地方意义的构建等。

由于研究领域和研究角度不同，地方依恋的维度也存在一维和多维的不同形式。在一维形式上，Shamai（1991）将地方感划分为由“感到生疏”到“愿意为它牺牲”的 7 个连续不同的程度。在多维方面，Williams 等（1989）提出地方认同（情感性依恋）与地方依赖（功能性依恋）2 个维度的旅游依恋量表；Bricker 等（2002）将地方依恋分为 3 个维度——地方依赖、地方认同和生活方式；Kyle 等（2003）提出了地方依恋四维形式——地方认同、地方依赖、情感依恋和社会联系；Hammitt 等（1996）提出了地方依恋五维形式——地方熟悉感、地方归属感、地方认同感、地方依赖感、地方根深蒂固感。

2.6 符号学理论

符号学起源于20世纪初，符号学研究有两个基础流派：费尔迪兰·德·索绪尔提出的结构主义语言符号学理论和皮尔斯提出的一般符号学理论。

费尔迪兰·德·索绪尔（1980）从语言学的角度对现代符号学进行了探索和研究，他认为语言、宗教仪式和古代的狼烟都是一种符号现象，符号是“能指”和“所指”的统一体。其中，“能指”是有声意象，比较具体；“所指”是较为抽象的概念。比如，小孩子牙牙学语时想要表达父亲、母亲的概念，他会用拙劣的发音说出爸爸、妈妈，他想表达的父亲、母亲的概念就是“所指”，而他的发音就是“能指”，小孩的发音可能不够标准，但表达的却是同一个概念，同时我们可以知道“所指”和“能指”并不是一一对应的关系，它们之间的联系具有任意性。

皮尔斯却不这么认为，在皮尔斯眼中，整个世界都可以从符号的角度理解。他提出了符号学的三元关系理论（图2.3）：符号、符号的所指物和符号的解释项。符号本身又可以分为“图标”“索引”和“象征”3种主要形态，图标指所有可见的图像，符号指代的对象可以是无形的也可以是有形的，符号可以代表其所指物，符号的解释项是符号所代表的意义。皮尔斯的符号学可以解释更大范围的符号现象，因此被称为一般符号学理论。

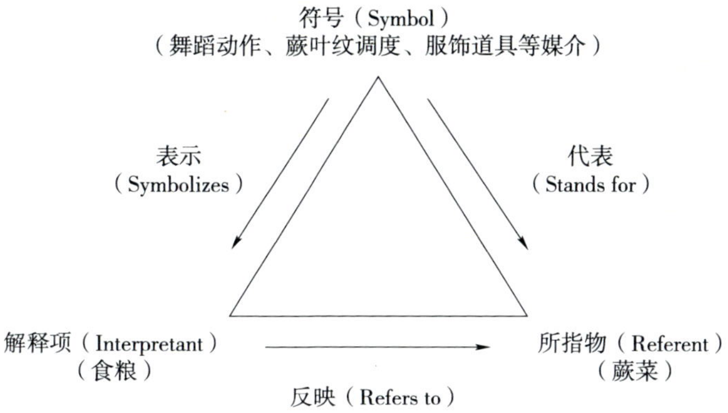

图 2.3　皮尔斯符号学三元关系理论

Mac Cannell（1999）率先将符号学的思想引入旅游学研究中，基于皮尔斯的一般符号学理论，他提出旅游吸引物符号由标志、景物和旅游者3部分构成，并将旅游吸引力的形成描述为一个从标志→景物→标志→景物的过程。他认为旅游者第一次接触的并不是景物本身，而是对景物的某个描述。标志就是符号学中的能指，包括图片、视频等；景物就是符号学中的所指，是景物本身。Mac Cannell 认为对于旅游者而言他们并不一定期待看到什么景物，只要看到和景物相关的就行。Mac Cannell 的旅游吸引物符号理论在旅游地意象构建、旅游营销等方面取得了许多有价值的成果。

罗兰·巴尔特（2008）将符号学理论运用于分析文化现象，提出了文化符号学的一般理论，他指出符号的两层含义：一是外延意义，即某个符号与其所指的对象间的字面关系；二是内涵意义，即意味深长的隐含内容。

旅游作为一种文化现象，其本质是一个视觉观看与意义生产的过程，主体所观看的不再是传统的景观对象，而是景观符号。旅游者通过观看这一行为产生各自对事物新的理解。

国内最早由学者王宁、彭兆荣等将符号学引入旅游领域并成熟运用。

马秋芳（2014）运用符号学研究了西安的著名景点。张高军等（2016）使用文本分析法探讨了旅游地的形象感知。陈岗（2012）借鉴罗兰的理论认为旅游吸引物也存在着双层表意结构，他指出旅游吸引物符号是在目的地资源和游客心理的双重影响下产生的，一张图片中有第一层表意结构，如动植物、建筑物等显性特征，还有图片能够表述出来的拥挤、休闲以及心情高兴等隐性特征。皮瑞（2018）认为旅游目的地形象可分为认知意象和情感意象（图 2.4），其中认知意象如景物属于显性特征，而繁华、萧条等环境氛围属于隐性特征；情感意象则完全属于隐性特征。

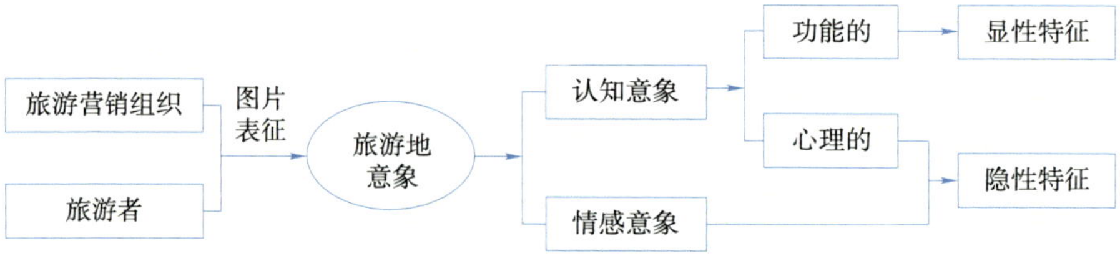

图 2.4　皮瑞旅游地意象测量维度关系

2.7　基于社交媒体大数据的城市意象感知

随着 21 世纪以来通信技术和网络的发展，各种新技术不断涌现，社交媒体的出现和普及为人们的社交方式乃至生活习惯都带来了巨大的改变。手机终端的流量带宽越来越大，网速也越来越快，相对于传统的基于计算机的应用和服务而言，移动互联网更加能够满足人们随时随地快速接入互联网的需求，因此人们也越来越倾向于在手机上使用这些应用和服务。

社交网络的发展及其用户数的增长使得城市意象研究由传统的社会学调查方法，如访谈或问卷调查等，向基于社交媒体大数据和机器学习的大数据挖掘方法转变。近年来，学者们对社交媒体大数据的关注度逐渐提升。相对于传统社会调查方法，社交大数据具有样本量大和成本低等优点，同时也更能实时地反映人们的真实想法和行为活动，因此被越来越广泛地应用于人类行为和口碑舆情的研究中。

（1）新的数据来源

社交媒体大数据是社会学研究的新数据来源，可以有效弥补问卷调查、访谈等既有社会学研究方法的局限与不足。用于城市意象研究的社交媒体数据通常包括文本、图片、评分以及签到（地理位置）数据等。例如，Salesses 等（2013）利用带有地理标记的照片，比较了纽约、波士顿、林茨和萨尔茨堡在安全、社会等级和独特性等方面的差异；李萍等（2017）基于质性研究方法，利用旅游者在典型城市旅游社区上的点评游记，分析了旅游目的地的认知形象、情感形象和总体形象。

（2）新的研究方法

基于机器学习、深度学习的空间聚类、文本语义挖掘、情感分析、图片特征提取等计算机人工智能方法，是近年来城市意象研究引入的新方法。以新浪微博签到数据作为数据来源，易峥等（2017）采用文本挖掘和语义分析方法探索了用户对重庆主城区城市风貌的感知与评价，并针对重庆主城区特色风貌片区研究形成了签到地图、情绪地图和对象地图；Peng 等（2020）将用户背景分为本地用户和非本地用户，并应用空间聚类方法识别热点，然后采用文本分析方法对不同人群的城市地理热点进行主题抽象；类似地，邓力凡等（2017）通过总结深港地区微博用户微博签到行为特征，提取行为特征参数，采用基于支持向量机（SVM）的机器学习算法进行人群监督分类，并针对居民和游客两类人群的城市感知行为进行对比研究；基于对大众点评网中商户自行上传的 POI 数据的提取与表达，王圣音等（2018）针对城市多场所空间范围的多尺度建模，提出基于自适应核密度估计的模糊集方法，为进一步理解城市场所的模糊认知范围提供了可视化解决方案。

目前，社交媒体大数据的应用难点也由最初的“如何获取”转变为“如何更好地使用”，例如，如何解决社交媒体数据的有偏性问题，如何去除大数据中的噪声，如何更好地应用深度学习方法挖掘更多有用信息，等等。

2.8 研究动态

目前，已有一些学者基于社交媒体大数据开展不同区域的意象感知研究，这些研究主要关注：基于微博客（如 Twitter、新浪微博）签到数据或 Flickr 照片的热门旅游吸引物提取；基于网络游记的旅游目的地意象及城市历史街区意象研究；基于 Flickr 照片的城市意象感知。这些探索性的研究已成为本领域的学术前沿，但综合运用社交网络的文本、图片和地理数据，多视角、全方位地进行意象感知的研究目前还未曾见到，并且将游客分享照片用于意象感知的研究也是凤毛麟角。现有的旅游目的地形象研究的局限主要体现在研究方法和研究内容两个方面：

（1）在研究方法方面存在一些不足之处。问卷调查和访谈作为获取游客信息的传统手段受到样本量和真实性的限制。首先，大多数相关研究只有几百份问卷和几十个访谈的规模；其次，问卷和访谈是研究者根据自己的调查目的设计的，对游客存在一定诱导性和干扰性，且其真实性极易受到游客受访时心态的影响，不一定能准确全面地反映受访者的真实想法。

（2）在研究内容方面存在一些不足之处。现有的对历史文化街区意象的研究大多把游客作为一个整体，鲜有研究关注不同游客群体之间的意象感知差异。而了解不同游客群体对历史文化街区的印象和看法，对于根据不同群体需求有针对性地开发旅游产品，以及制定历史文化街区的保护性开发策略等方面都具有重要的参考价值。

据此，为弥补现有研究的不足，本书在传统调查方法的基础上，引入多种社交媒体大数据，基于社交大数据中的蕴含地理位置的文本、图片数据开展综合分析，揭示不同游客群体在不同历史街区游览时做了什么、看了什么、说了什么，从而全面真实地构建不同群体心中的历史街区意象，并对不同群体间意象差异产生的原因进行分析。

3

北京市
历史文化街区
游客意象感知研究设计

3.1 研究区域选择

本书根据北京市历史文化街区的游客点评数量和历史文化街区的用地性质，从老城区历史文化街区中分别选取商业型、居住型和文化型代表街区——南锣鼓巷、东四三条至八条以及国子监街区作为案例地（图 3.1）。其中，南锣鼓巷和国子监是全球旅游点评网站 TripAdvisor 上评论数量最多的历史文化街区，东四三条至八条街区虽然评论数量不多，却是典型的以传统四合院为主的居住型街区，并入选首批国家级历史文化街区。因此，选取这 3 个不同类型的历史文化街区，能够较全面地了解入境游客对北京市历史文化街区的感知形象。

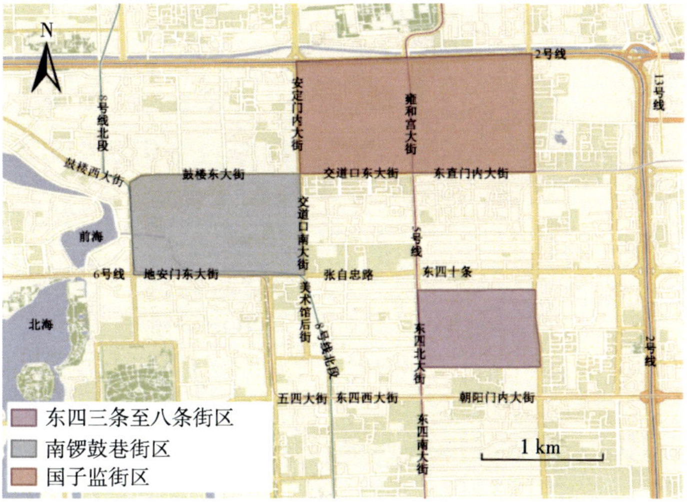

图 3.1　历史文化街区案例地分布

3.1.1 南锣鼓巷街区

南锣鼓巷街区（图 3.2）位于北京中轴线北段东侧，面积约为 0.89 千米，是以鼓楼东大街、交道口南大街、地安门东大街和地安门大街 4 条街道为界的历史文化街区。南锣鼓巷南北走向，全长约 800 米，两侧各分布有 8 条东西走向的胡同，从南到北，西面的 8 条胡同是福祥胡同、蓑衣胡同、雨儿胡同、帽儿胡同、景阳胡同、沙井胡同、黑芝麻胡同、前鼓楼苑胡同；东边的 8 条胡同是炒豆胡同、板厂胡同、东棉花胡同、北兵马司胡同、秦老胡同、前圆恩寺胡同、后圆恩寺胡同、菊儿胡同，整个街区呈“鱼骨状”，也称“蜈蚣街”。南锣鼓巷街区历经元明清三朝，见证了北京作为全国古都的历史浮沉。其附近景点有鼓楼、钟楼、后海、北海公园、景山公园、故宫等，地铁、公交可达，交通便利。

图 3.2　南锣鼓巷街区示意图

南锣鼓巷建于元大都时期，拥有 740 多年的历史，是北京最古老的街区之一，保留有完整的元大都里坊格局和府邸建筑。早时称“罗锅巷”，得名于其中间高、南北低的独特地势。清乾隆十五年（公元 1750 年）改称南锣鼓巷。南锣鼓巷历史文化街区包括元大都时期的“昭回坊”和“靖恭坊”，南锣鼓巷是两坊间的分界线，二者并称“昭回靖恭坊”。清朝时此处属于镶黄旗，因而得以保留完整的元大都里坊格局和府邸建筑，官宦人家与平民百姓界限森严，门柱、台阶、门楼雕饰、漆料用色均有形制。部分四合院中保留了完整的影壁、垂花门、游廊、天棚等装饰建筑，胡同内可见门墩、上马石、拴马桩、石敢当、牌楼等历史遗迹。

作为北京最古老的街区之一，南锣鼓巷街区保存了大量传统四合院和基本完整的胡同结构，是当前北京老城区中四合院形态保留最为完整、最集中的地区，入选第二批北京市历史文化保护区。“棋盘式”的城市格局是元大都城市形态的活化石，是老北京历史文化和市井生活的现实写照，是感受老北京城韵味和胡同文化的必游之地。同时该地区拥有深厚的历史文化底蕴和丰富的旅游资源，保留大量的名人故居，如齐白石故居、婉容故居、茅盾故居等。

南锣鼓巷街区是历史文化街区商业开发的代表，2008 年北京奥运会前后，政府筹资将南锣鼓巷打造成商业街，从此南锣鼓巷日益繁华，各种各样的特色小店层出不穷，同时吸引了众多的中外游客前来游览，《时代周刊》杂志也将其评为亚洲 25 个“必去”的地方之一。然而，随着南锣鼓巷名气越来越大，它逐渐失去了自己的特色。南锣鼓巷因过度商业化而导致历史文化景观保护与商业开发矛盾加剧、商业业态同质化严重、游客数量超出环境承载力、过度“空心化”及居民参与度低等问题。2016 年，南锣鼓巷主动取消 3A 级景区称号，整改店铺，拆除违建，重新铺装主街地面，停止接待旅游团以减少客流量。同年，《南锣鼓巷历史文化街区风貌保护导则》发布并执行，启动了南锣鼓巷地区 4 条胡同的修缮整治工作。

3.1.2 东四三条至八条街区

东四三条至八条历史文化街区（图 3.3）位于东城区，是以朝阳门内大街、东四十条、东四北大街和朝阳门北小街四条街道为界的历史文化街区。该街区是北京最古老的街区之一，迄今已有 700 余年历史，较为完好地保持了元代胡同肌理和文物建筑，是最典型的以传统四合院为代表的精品历史街区。

东四位于东城区核心地段，原东四楼牌所在地，元朝属寅宾坊、穆清坊，称十字街。明朝属南居贤坊、思诚坊，十字路口四面各建一座四柱三楼式木牌楼，又因位居皇城之东，故称东四牌楼，简称东四。清朝属正白旗，清康熙三十八年（公元 1699 年）毁于火，后仿照原貌重建。明清时为繁华的商业街。民国属内三区，后逐渐衰落。1954 年，东四牌楼拆除，“东四”作为地名沿用至今，泛指东四南大街、东四北大街、东四西大街、朝阳门内大街交会处及附近地区。

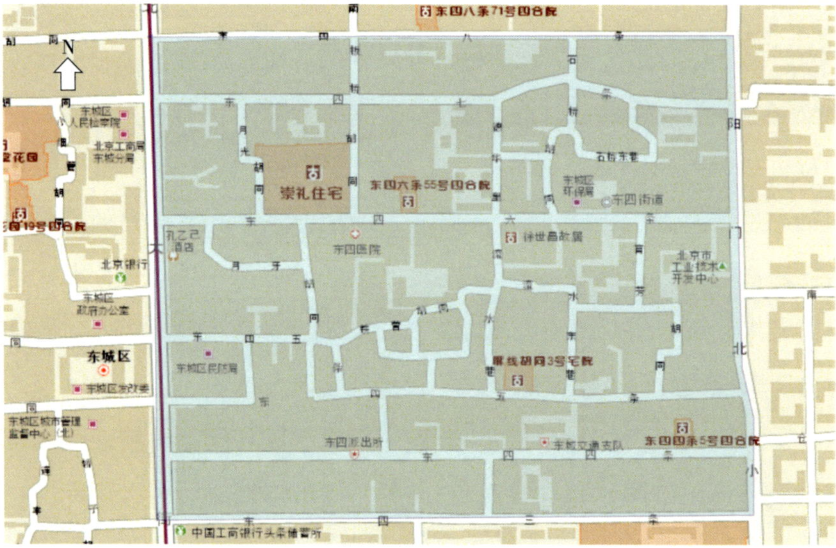

图 3.3　东四三条至八条街区示意图

东四街区历史文脉清晰，并保留大片典型的“一进”“多重”四合院落。四合院由南向北有序排列，贵族的府邸花园占据较大面积。该街区以灰瓦、灰砖和红门面为主，历史上是达官贵人的集中居住区域。街区内等级最高的四合院使用绿琉璃瓦，少量寺庙建筑使用红墙青瓦。胡同均为东西走向、朝南北向延展，是老北京旧城院落和街坊生长模式的实录。该街区完整地保留了传统民居的原貌和真实的老北京生活现状，是了解老北京胡同文化的理想地。该街区保存着具有丰富历史文化内涵的历史遗存物，2015 年入选国家第一批中国历史文化街区。东四拥有丰富的旅游资源，街区内保留着名人故居，如孚王府，东四六条的崇礼住宅，东四五条的徐世昌故居，东四七条的灿公府第、海兰察府第，东四八条的承恩寺、正觉寺、叶圣陶故居等。

东四三条至八条街区历史上曾是繁华商业街，老北京有“东富西贵”的说法，现为居民区，但多年来存在违法建设的问题，破坏了街区的历史风貌。2015 年东四街区整改，采取拆除违建的煤棚及大型废弃物、还原廊架和花池、封墙堵洞、规范架线、完善配套设施、规划建设便民菜点和服务中心等举措，综合整治街区风貌。2018 年 10 月，东四胡同博物馆开馆。2019 年，东四西片区完成胡同可视范围内的全部整治，共修复门楼 183 座，其中部分重点门楼以修文物的标准进行修缮。东四街区的修缮保留了各个时代留下的痕迹，还原了数百年北京城的变迁和居民生活。

3.1.3 国子监街区

国子监街区（图 3.4）位于北京老城东北部安定门内，是以安定门内大街、北二环东路、东直门北小街、交道口东大街、东直门内大街为界的历史文化街区。

该街区与元大都同期建成，是北京最老的街区之一，面积约为 1.37 平方千米，至今已有 700 多年的历史，因孔庙和国子监而闻名。明崇祯八年（公元 1635 年）《帝京景物略》记载：“都城东北艮隅，瞻其坊曰‘崇教’，步其街曰‘成贤’，国子监在焉。”清时称“成贤街”，民国以后称国子监，1965年称国子监街，1984年被确定为“北京市文物保护单位”。1990年，国子监街区入选第一批国家历史文化保护街区，保护范围东起东直门北小街西侧的育树胡同、炮局头条、后永康胡同、东城煤炭一厂、华侨饭店用地东边界，西至安定门内大街，北起北二环东路，南至北新桥三条、方家胡同。

图 3.4　国子监街区示意图

国子监街区历史上是全国文教中心，也是北京老城内重要寺庙建筑和重要文物最集中的街区，知名景点众多。街区内有国子监、孔庙、国子监街、雍和宫、柏林寺、方家胡同13号及15号四合院、永康胡同7号及9号四合院等重点文物，以及4座保存完好的明代牌楼。其凭借幽雅宁静的氛围和丰富的历史文化内涵，成为北京独特的文化传承地，吸引着来自世界各地的游客。

国子监街区曾因商业开发翻新四合院，破坏了街区的建筑形制和历史文化氛围。2008年，国子监街区修缮，拆除违建，引导新建筑在形式、材料和色彩等各方面与街区内的传统风格保持一致，调整道路系统，恢复街墙、影壁、栅栏等建筑原貌，基本恢复了街区的历史格局与规制。2009 年，国子监街被评为“首届中国十大历史文化名街”之首。

3.2 研究思路

本书的思路框架如图 3.5 所示，在梳理北京市历史文化街区现状的基础上，依据历史文化街区的功能类型选取代表性街区作为研究区，构建游客对不同类型历史文化街区的感知意象，分析影响游客意象的历史文化街区因素，对比不同文化群体的意象差异。

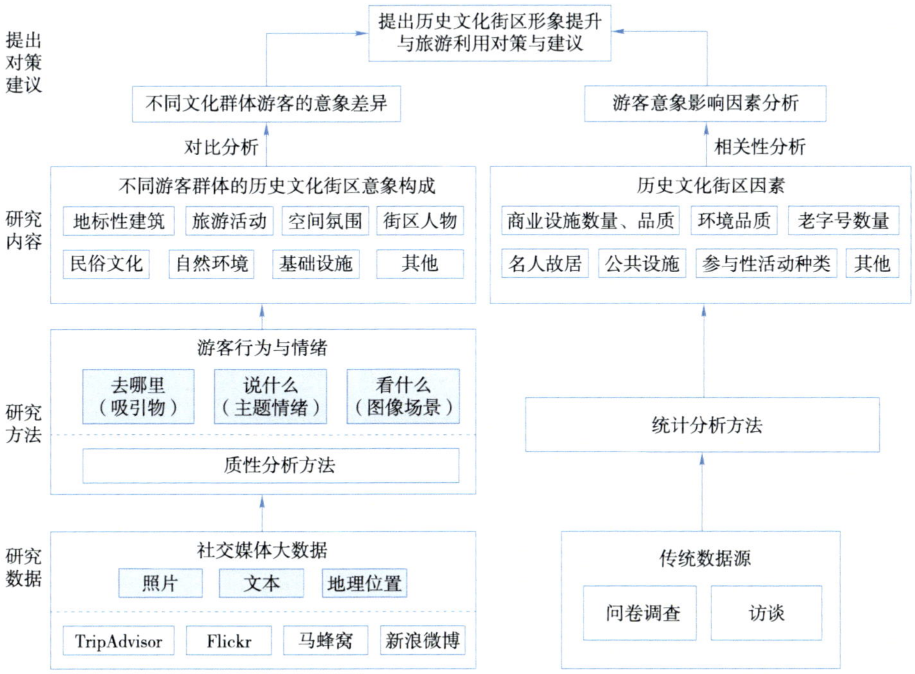

图 3.5　北京市历史文化街区游客意象感知研究思路

本书的研究数据包括社交媒体 UGC 数据及随机问卷调查、访谈等传统社会调查数据。其中，社交媒体数据包括北京市域范围内 2014—2016 年的 Flickr 照片，TripAdvisor 多语种网络游记数据，马蜂窝、携程等中文网络游记数据等。这些社交媒体数据既包含用户位置信息，又包含文本和图片信息。

首先，本书基于多源异构社交媒体数据源，分别开展基于文本数据的游客意象感知及基于图片数据的游客意象感知。通过从多源异构社交媒体数据中进行随机抽样，获取小数据样本，对网络游记和游客照片的小数据样本开展质性分析，分析游客的时空行为（去哪里）、话题语义（说什么）和凝视场景（看什么），从而获知游客对历史文化街区及其空间要素、文化氛围及游憩活动的认知和态度，构建游客对不同历史文化街区的意象。

其次，在北京市典型历史文化街区开展随机问卷调查和游客访谈，与基于社交数据的游客意象进行相互验证，对基于社交数据的游客意象进行补充，并通过 SPSS 对问卷进行因子分析、聚类分析、回归分析等统计分析，分析历史文化街区客体因素对游客意象的影响作用。

再次，从 TripAdivsor 网站抓取多语种游记，参考北京旅游主要客源市场，依据地域和语种将游客划分为多个文化群体，通过质性研究构建不同文化群体游客心目中的北京市历史文化街区意象，并通过比较研究法对比不同文化群体之间的历史文化街区意象差异。

最后，参考游客对不同历史文化街区的意象、不同文化群体游客的意象感知差异以及游客意象影响因素，提出历史文化街区形象提升与旅游利用对策与建议，为历史文化街区的保护与开发提供依据。

3.3 研究方法

本书的主要研究方法如下：

（1）大数据采集法

大数据采集法是指通过网络爬虫[①]或网站公开 API 等方式从网络上获取数据信息。本书通过网络爬虫工具“八爪鱼采集器”爬取了 TripAdvisor、马蜂窝、携程游记等网络文本数据，利用 Flickr 公开 API 抓取了北京市域范围内 2014—2016 年的 Flickr 照片，并将这些社交媒体数据存储为本地数据文件，并以结构化的方式存储。

（2）质性分析法

质性分析法是一种从具体现象入手，经过系统的资料收集和分析，对现象描述进行概念化编码、理论性取样，逐步抽象出扎根于现实资料的理论的方法。本书从网络游记、游客照片随机抽取样本，获得一定数据的点评、游记等文本资料以及游客照片资料，使用 Nvivo 软件分别对文本资料和图片资料开展质性分析，构建历史文化街区的游客感知意象。

（3）问卷调查法

问卷调查法是研究者利用以设问的方式表述问题的表格对所研究的问题进行控制式的测量，从而搜集到可靠的资料的一种方法。本书从旅游资源兴趣度、旅游商品兴趣度、服务质量评价、整体旅游环境氛围 4 个维度设计问卷，并对游客开展随机问卷调查，了解游客的旅游动机、街区意象、对街区旅游开发的看法及其影响因素等。

---

① 网络爬虫又称网页蜘蛛、网络机器人，是一种按照一定的规则，自动地抓取互联网信息的程序或者脚本。

（4）统计分析法

本书应用 SPSS 分析软件对调查问卷进行录入、整理、统计描述和统计推论，涉及描述性统计、相关分析、回归分析等。

（5）实地调查法

本书运用实地调查法，对南锣鼓巷街区、国子监街区和东四三条至八条街区进行实地调研，获取第一手资料，掌握 3 个案例街区现状，为设计问卷提供依据。

（6）文献研究法

文献研究法是一种根据研究目的搜集相关资料并进行分析以获取研究结果的方法。本书应用文献研究法梳理北京市历史文化街区现状、旅游目的地形象和城市意象的相关理论和方法，明确研究思路和方法。

4

基于网络游记的北京市历史文化街区游客意象感知

4.1　研究内容

本章选取南锣鼓巷街区、东四三条至八条街区、国子监街区 3 个典型历史文化街区为研究区，以 UGC 旅游网站（如携程、马蜂窝、百度旅游）的游记为研究材料，采用内容分析法，从游客感知角度对 3 个历史文化街区的形象进行研究，即从旅游主体角度出发，探究历史文化街区形象感知现状。本章借鉴既有的目的地形象构成维度及测量方法，构建了适用于北京历史文化街区形象感知的模型，并对不同类别历史文化街区形象进行实证测度。

4.2　研究方法

4.2.1　数据获取

研究使用的样本数据均采集自 UGC 旅游网站的游记及评论，采集工具为八爪鱼软件，搜索关键词分别为“南锣鼓巷”“东四胡同”“国子监（街）”及“五道营胡同”，游记及评论发表的时间不设限制。采集的原始数据情况如表 4.1 所示。

表 4.1　网络爬虫抓取的原始数据　　单位：条

历史文化街区	携程	马蜂窝	百度旅游	共计
南锣鼓巷	2 506	75	1 614	4 195
东四胡同	50	72	40	162
国子监（街）	63	60	355	645
五道营胡同	—	60	107	

注：受网站显示规则限制，马蜂窝只能抓取到日期最新的 5 页评论。受旅游网站景点设定的限制 [除携程外，均无法检索“国子监（街）”关键词]，因此对国子监街区的分析综合了“国子监”“五道营胡同”两个关键词检索的结果。

为保证样本的真实性与可用性，客观反映游客对 3 个历史文化街区的形象感知情况，对原始数据进行清洗，规则如下：

第一，过滤明显的官方宣传、模板复制的游记及评论。

第二，过滤内容过于简略的游记及评论。考虑到 3 个历史文化街区实际游客流量，删除东四胡同和国子监街区字数少于 50 字、南锣鼓巷字数少于 150 字的游记及评论。

第三，参考 3 个历史文化街区的微博签到数，确定南锣鼓巷、东四胡同和国子监街区用于分析的游记样本提取比例为 10∶2∶5。

综合以上 3 条规则及实际文本质量等因素，从八爪鱼采集的 3 个历史文化街区网络游记中随机选取游记 372 条，共 67 262 字，平均字数 181 字，样本的时间分布如表 4.2 所示。

表 4.2　清洗后的网络游记数据　　单位：条

历史文化街区	2013 年及以前	2014 年	2015 年	2016 年	2017 年	2018 年及之后	共计
南锣鼓巷	4	29	72	56	31	28	220
东四胡同	1	7	14	7	7	6	42
国子监（街）	2	11	31	11	20	35	110

4.2.2　历史文化街区意象的构成

本书拟参考 Baloglu 和 Brinberg（1997）提出的“认知—情感”模型和吴晋峰（2014）提出的历史文化街区意象 5 个构成维度：旅游吸引物、基础设施、休闲和娱乐、旅游环境和地方氛围，在此基础上，结合北京的 3 个历史文化街区的实际情况，对已有的 5 个维度进行修正，提出“街区所见物”“街区吸引物”“活动和旅游经历”“相关景点”“街区印象”和“基础设施”6 个历史文化街区感知形象的新维度（表 4.3）。其中，街区所见物是旅游活动的客体，是游客在旅游过程中实地观察到的、街区给游客留下深刻印象的各种事物和因素，包括街区的自然、人文景观、建筑物和空间、居民、其他游客及其活动等多个方面；街区吸引物是旅游目的地对游客产生吸引力、激发游客出游意愿的各种事物和因素；活动和旅游经历是游客在旅行过程中参与的各种活动，包括饮食、休闲娱乐和其他活动；相关景点是游客在游览该街区前后一并游览的附近景点以及在各类游记中出现频率较高的相似景点；街区印象是游客在游览行为发生前后及过程中，对该街区产生的各种印象，包括街区整体印象、自然环境印象、街区氛围和评价等方面；基础设施是街区内为当地居民和游客提供公共服务的各种设施设备。

表 4.3　历史文化街区意象的维度构成

<table>
<tr><th>街区意象的构成维度</th><th colspan="2">构成维度的因子</th></tr>
<tr><td rowspan="4">街区所见物</td><td colspan="2">自然物</td></tr>
<tr><td colspan="2">人物</td></tr>
<tr><td rowspan="2">建筑及标志</td><td>名人故居</td></tr>
<tr><td>店铺</td></tr>
<tr><td rowspan="4">街区吸引物</td><td colspan="2">历史底蕴</td></tr>
<tr><td colspan="2">老胡同氛围</td></tr>
<tr><td colspan="2">小吃</td></tr>
<tr><td colspan="2">纪念品</td></tr>
<tr><td rowspan="4">活动和旅游经历</td><td colspan="2">休闲娱乐活动</td></tr>
<tr><td colspan="2">饮食</td></tr>
<tr><td colspan="2">突发事件</td></tr>
<tr><td colspan="2">旅游经历</td></tr>
<tr><td rowspan="2">相关景点</td><td colspan="2">附近景点</td></tr>
<tr><td colspan="2">相似景点</td></tr>
</table>

续表

<table>
<tr><th>街区意象的构成维度</th><th colspan="2">构成维度的因子</th></tr>
<tr><td rowspan="7">街区印象</td><td rowspan="2">整体印象</td><td>知名度</td></tr>
<tr><td>街区功能</td></tr>
<tr><td rowspan="2">自然环境</td><td>天气</td></tr>
<tr><td>温度</td></tr>
<tr><td rowspan="3">街区氛围</td><td>秩序</td></tr>
<tr><td>风格</td></tr>
<tr><td>地方特色</td></tr>
<tr><td rowspan="4">基础设施</td><td colspan="2">旅馆</td></tr>
<tr><td colspan="2">公共卫生间</td></tr>
<tr><td rowspan="2">交通</td><td>地铁</td></tr>
<tr><td>公交</td></tr>
</table>

4.3 数据分析

4.3.1 词频统计

分析词频可以较为简单直观地展现游客游记中出现频次较高的词汇，借以反映游客对历史文化街区形象的感知情况。将获取的网络文本全样本以 txt 格式导入 Nvivo 11 进行词频统计，具体步骤如下：通过“查询—词频”，设定“材料来源”项为“选定的项”，选择对应的文本材料，设置“显示字词”项为“最常见”，数值保持默认 1 000 不变，设置“具有最小长度”数值为“2”，“分组”选择“同义化”，运行查询并查看汇总结果，可得 3 个历史文化街区的高频词情况（表 4.4—表 4.6）。

表 4.4　南锣鼓巷词频统计（局部）

单词	计数	加权百分比 /%	相似词
北京	2 405	2.13	北平
南锣鼓巷	1 904	1.68	—
胡同	1 901	1.68	—
特色	1 103	0.98	—
感觉	1 118	0.83	感觉，感情，觉得，情绪，味道，心情
小吃	905	0.80	点心
很多	943	0.78	大量，许多
地方	861	0.72	场所，地点，地区，地位，定位，范围，工作，目标，区域，位置
不错	573	0.51	—
东西	571	0.51	物质
喜欢	507	0.43	希望，愿意
巷子	463	0.41	—
没有	479	0.41	不足，缺乏，需要
比较	444	0.39	相比
里面	431	0.38	内部
味道	750	0.37	臭味，大方，风味，感受，痕迹，品味，气味，审美，体会，体验，香气，香水，香味
好吃	384	0.34	—
特别	383	0.34	格外，尤其
奶酪	377	0.33	—
值得	366	0.32	—

表 4.5　东四胡同词频统计（局部）

单词	计数	加权百分比 /%	相似词
胡同	222	6.62	—
东四	120	3.58	—
北京	110	3.28	北平

续表

单词	计数	加权百分比 /%	相似词
味道	72	2.15	风味，感觉，感情，感受，痕迹，觉得，品味，体会，体验，味道
特色	25	0.75	—
文化	23	0.69	—
历史	20	0.60	—
比较	19	0.57	—
很多	19	0.57	—
不错	18	0.54	—
生活	16	0.48	—
现在	16	0.48	—
大街	16	0.48	—
地方	16	0.43	地区，工作，区域，位置
喜欢	15	0.43	希望
牌楼	14	0.42	—
四合院	13	0.39	—
一下	13	0.39	—
没有	14	0.37	不足，需要
值得	12	0.36	—

表 4.6　国子监街区词频统计（局部）

单词	计数	加权百分比 /%	相似词
胡同	230	1.22	—
孔庙	215	1.14	—
北京	176	0.94	—
雍和宫	160	0.85	—
地方	136	0.68	场所，地位，工作，目标，区域，位置，职务

续表

单词	计数	加权百分比 /%	相似词
最高	110	0.59	—
古代	106	0.56	—
学府	95	0.51	—
建筑	81	0.42	房屋，建造
感觉	82	0.39	觉得，味道，心情
文化	72	0.38	—
没有	73	0.36	不足，需要
很多	63	0.34	许多
不错	60	0.32	—
比较	60	0.32	相比
历史	59	0.31	—
看看	57	0.30	—
里面	57	0.30	内部
文艺	56	0.30	—
南锣鼓巷	54	0.29	—

在南锣鼓巷街区的游记中，除“南锣鼓巷”“胡同”“北京”等不具备分析价值的地名词汇外，出现频次较高的词有“小吃”“美食”“奶酪”“酒吧”“明信片”等具体的旅游吸引物；“好吃”“方便”等针对小吃或交通的评价性词汇；“典型”“风情”等针对街区整体的描述性词汇；“晚上”“下午”和年份等时间词汇。这些高频词基本反映了游客在南锣鼓巷的经历和活动，在游览中、游览后的情绪以及对旅游目的地的评价。

由表 4.5 可知，东四街区游记中出现频次较高的词汇，除“胡同”“东四”“北京”等地名词汇外，还有“味道”“感觉”等涉及游客体验的词汇，“可惜”“方便”“值得”等针对街区整体或交通等具体事物的主观评价词汇，“牌楼”“四合院”等传统建筑物，“照片”“儿时记忆”等关联物。值得注意的是，“繁华”一词出现频次较高，与东四民居区的现状不符，通过检验该词出现的实际语境发现“繁华”一词是游客对东四历史上曾经是商业街，如“东四大街在元代称十字街，是十分繁华的商业街”；或出现在与其他历史文化街区或与周边地区的比较中，如“这里没有南锣鼓巷的繁华”“很难想象数公里外是繁华的摩天大楼，这里还像几百年前般古老”。

与东四街区高频词有所不同，国子监街区的游记中出现频次较高的词汇，除“胡同”“北京”等地名词汇外，频次较高的还有“孔庙”和“雍和宫”等街区内著名景点，描述性词汇中出现频次较高的是“文艺”“安静”“古老”“清新”等。主观评价词汇有“喜欢”“惬意”“值得”等，点评对象主要是“咖啡馆”“四合院”等建筑物。此外，“没有”这一否定性前缀出现频次较高。

4.3.2 三级编码

本书对初步清洗后的数据进行进一步处理：删除空行、空格、表情符号，合并分段，规范近似表达等。依据 Strauss 的三阶段编码理论，利用 Nvivo 11 对网络游记及评论文本进行内容分析，步骤如下：首先，对游记及评论文本进行开放式编码，标注关键信息，建立节点，得到初步的编码方案；其次，进行轴心式编码，整合相近编码，建立编码关联，梳理编码的层次关系，归纳出基本主题；最后，进行选择式编码，经过多次筛选，最终确定核心编码，从基本主题中逐步提炼出具有高度概括性和解释性的主题，实现对底层编码的层层抽象，以获得质性结论并对结论进行可视化展现。

3 个历史文化街区网络游记的开放式编码结果统计如表 4.7 所示。

表 4.7 开放式编码结果统计

历史文化街区	参考处	自由节点
南锣鼓巷	2 536	736
东四胡同	223	104
国子监（街）	759	234

在开放式编码所获取的自由节点的基础上，对 3 个历史文化街区分别进行多次聚类，按照表 4.3 中历史文化街区意象的维度构成整合节点关系，经过多次修正，得到相应的主轴编码及树状节点关系，如图 4.1—图 4.3 所示。

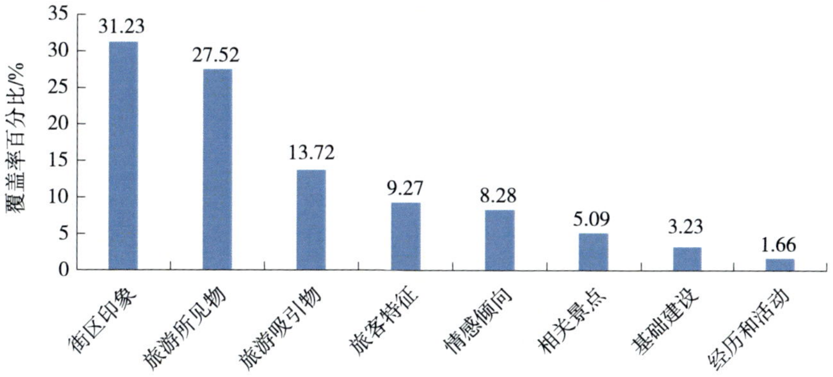

图 4.1 南锣鼓巷街区覆盖文本的自由节点

在南锣鼓巷街区的游记及评论提取的 2 536 个参考处中，共获得自由节点 736 个（表 4.8），归纳一级节点 8 个，除“旅游所见物”（覆盖率 27.52%）、“旅游吸引物”（覆盖率 13.72%）、“活动和经历”（覆盖率 1.66%）、“相关景点”（覆盖率 5.09%）、“街区印象”（覆盖率 31.23%）、“基础设施”（覆盖率 3.23%）6 个街区感知形象维度外，还涉及“游客特征”（覆盖率 9.27%）和“情感倾向”（覆盖率 8.28%）两类信息。由此可知，游客对南锣鼓巷街区的形象感知主要集中在游览过程中真实所见、亲身经历的事物（包括建筑标志、人物、自然物等），游览过程中及游览结束后引起游客特殊关注的事物（包括小吃、纪念品、街区历史底蕴等）。其中，涉及“经历和活动”和“基础建设”的节点较少，这与历史文化街区本身区域面积有限、游览时间短等有关。游记中普遍提到“相关景点”的现象，可以从历史文化街区间的异同关系进行阐释，同时反映出游客对历史文化街区建设情况的无意识思考。此外，游记中常见的游客情感表达，以正向和负向情感为主，中性表达较少，且在同一条游记中经常会出现正负情感穿插的情况。表 4.8 以南锣鼓巷旅游所见物为例，详细展示节点内部结构和编码原理。

表 4.8　南锣鼓巷街区主轴编码结构（节选）

一级节点	二级节点	节点权重 /%	三级节点	节点权重 /%	四级节点	五级节点	参考处
旅游所见物	店铺	38.96	创意小店	2.96	本土意识	—	街上有一家名为“本土意识”的店，很多怀旧的东西啊
					童年小店	—	给人印象深的有个“童年小店”，店里有小时候的大白兔奶糖和滚铁圈
					糖果实验室	—	一路上我们走走停停，一起参观了好玩的“糖果实验室”
					创可贴 8	—	逛着逛着看到“创可贴 8”还是很惊喜的，曾经很爱看的《职来职往》里有一个达人就是这店的创始人呢
					……		
			京城工艺店	0.37	三宝陶艺社	—	感觉大学生喜欢来这，吃的很多，很多北京的文化创意店在此，还有我最爱的“三宝陶艺社”

续表

一级节点	二级节点	节点权重/%	三级节点	节点权重/%	四级节点	五级节点	参考处
旅游所见物	店铺	38.96	京城工艺店	0.37	一一手工剪纸	—	“一一手工剪纸”价格还可以接受，姑娘买了 2 条小龙 10 元
					兔儿爷瓷器店	—	（我）走进过满是兔儿爷的陶瓷小店一览风采
					……		
			酒吧	7.78	—	—	去特色酒吧听听歌，也是不错的选择。 如今这里遍布风格百变的个性店铺以及特色十足的酒吧，更是吃货的天堂
			咖啡厅	2.96	—	—	有洋气十足的咖啡厅、小吧厅。 街上开满了明信片店、陶瓷店、文化衫店、咖啡馆，非常适合“小清新”们前去拍照
			小吃店	3.33	海小姐的玫瑰饼	—	看携程点评的朋友说“海小姐的玫瑰饼”很好吃，去尝了一下，确实好吃
					文宇奶酪店	—	留了肚子一路边走边逛，街上有著名的“文宇奶酪”“吉事果”“新西兰岩烧乳酪”“茶太良品”
					尼积咖啡	—	“尼积咖啡”的香啡包和巧克力包（新鲜出炉好吃到哭！）

续表

<table>
<tr><th>一级节点</th><th>二级节点</th><th>节点权重/%</th><th>三级节点</th><th>节点权重/%</th><th>四级节点</th><th>五级节点</th><th>参考处</th></tr>
<tr><td rowspan="11">旅游所见物</td><td rowspan="4">店铺</td><td rowspan="4">38.96</td><td>小吃店</td><td>3.33</td><td>梦想家</td><td>—</td><td>“梦想家”的乌云冰激凌很有特色，上面是棉花糖，下面的冰激凌上放了一些跳跳糖，冰激凌就只是普通的冰激凌，没有特别的口味</td></tr>
<tr><td colspan="5">……</td></tr>
<tr><td>主题书店</td><td>0.74</td><td>—</td><td>—</td><td>整条街文艺气息都很浓厚，找美食，找主题书店餐吧都很容易</td></tr>
<tr><td colspan="5">……</td></tr>
<tr><td rowspan="7">建筑标志</td><td rowspan="7">30.59</td><td rowspan="7">古老建筑</td><td rowspan="7">76.56</td><td>牌楼</td><td>—</td><td>我从地铁南锣鼓巷站下的车，出口的左手边就是南锣鼓巷的牌坊</td></tr>
<tr><td rowspan="4">四合院</td><td>垂花门</td><td>（这个院子的）垂花门、抄手游廊什么的比婉容她家院子保存得完整多了</td></tr>
<tr><td>雕花影壁</td><td>青灰的四合院落有着雕花的影壁和门楣</td></tr>
<tr><td>瓦当</td><td>仔细一看，每个院子的瓦当都不一样，雕着小小浅浅的装饰</td></tr>
<tr><td colspan="2">……</td></tr>
<tr><td>青石板路</td><td>—</td><td>青石板路，刷刷地直往下落的叶片雨……</td></tr>
<tr><td colspan="3">……</td></tr>
</table>

续表

一级节点	二级节点	节点权重/%	三级节点	节点权重/%	四级节点	五级节点	参考处
旅游所见物	建筑标志	30.59	装饰物	4.17	灯笼	—	晚上的夜景也非常漂亮，有很多灯笼亮起
					雕刻	—	还有上面的雕刻，也都是富有意义的，图中手指上方的三幅图都各有寓意
					匹诺曹玩偶	—	这家还在门框边上立了一个匹诺曹烘托气氛
					……		
			……				
	名人故居	11.26	可园	6.9	—	—	仿江南园林建筑风格的可园，虽然不能进，但在外面看看也不错
			齐白石故居	20.69	—	—	路过齐白石故居，这就是大隐隐于市吧
			茅盾故居	15.52	—	—	这里有菊花胡同、可园、齐白石故居和茅盾故居
			僧格林沁王府	10.34	—	—	显赫一时的僧格林沁、僧王府如今已被分拆成为民居，旧时堂前燕飞入百姓家
			婉容故居	17.24	—	—	如西边有条帽儿胡同，当年末代皇后婉容故居就在那里
			……				

续表

一级节点	二级节点	节点权重 /%	三级节点	节点权重 /%	四级节点	五级节点	参考处
旅游所见物	艺术品	9.51	传统工艺品	31.25	剪纸	—	如果有足够的耐心，是可以淘到心仪的东西的。有一家剪纸店还是比较不错的
					兔儿爷	—	街上很多店铺卖的是老北京的传统工艺品——栩栩如生的剪纸、精美绝伦的团扇、古朴简单的陶器、活灵活现的兔儿爷
					鼻烟壶	—	（南锣鼓巷）有许多文艺范的小店，有卖饰品的、卖杯子的、卖鼻烟壶的
					景泰蓝	—	各种小店的门面装饰很有老北京特色，景泰蓝很漂亮，创意手工艺品很有心思
					……		
			文创产品	26.56	老北京文化衫	—	在这里你需要去感受老北京的味道，吃一碗老北京炸酱面，买一件老北京文化衫
					手机壳	—	买了一个小圆包，还买了好几个手机壳送人，挺好
					包		
					创意火柴	—	80 年代的复古“搪瓷”杯子、创意火柴、明信片等
					……		
	人物	6.20	当地居民	11.63	—	—	还可以去胡同里转转，都还有居民在，有很多大爷在下象棋、玩扑克
			外国人	13.95	—	—	总是能看到很多入境游客，感觉（南锣鼓巷）已经成为了老外游北京的必去景点

续表

一级节点	二级节点	节点权重 /%	三级节点	节点权重 /%	四级节点	五级节点	参考处
旅游所见物	人物	6.20	游商小贩	2.33	—	—	天色暗下来后有不少“游商小贩”在南锣鼓巷摆摊。（我）才美满地走过那热闹熙攘的小胡同，（胡同里）依然少不了嘈杂肮脏的手推车夜宵
			中戏学生	13.95	—	—	南锣鼓巷距离中央戏剧学院几步之遥，经常能看到成群的学生在此出没
			驻唱歌手	11.63	—	—	夜晚许多驻唱歌手在此献艺，这就是“北漂”的真实写照
			……				
	声音	0.72	讲解声	—	—	—	当然也可以选择乘个三轮车，听师傅介绍，感受一下北京风情
			叫卖声	—	—	—	随处可闻的叫卖声，巷子里孩子们的嬉戏声
	自然物	1.30	垂杨柳	—	—	—	灰色的青石路，抬目可见的垂杨柳
			喜鹊	—	—	—	只依稀可见这些老宅的门脸儿，高门大院的，上面还有喜鹊在唧唧喳喳
			租客的花儿	—	—	—	房东的猫、租客的花儿都是非常适合做拍照的背景的
			猫咪	—	—	—	一家咖啡屋窗前蹲着一大胖猫在晒太阳，可爱极了

续表

一级节点	二级节点	节点权重/%	三级节点	节点权重/%	四级节点	五级节点	参考处
旅游所见物	中央戏剧学院	11.98		—	—	—	有空的话，还能去看看中央戏剧学院老校区哦
	其他	1.01	垃圾	—	—	—	地下那垃圾、那臭味，可怜了爱惜此地的人
			宣传标语	—	—	—	可惜破墙开店，各种宣传整治标语不少

东四三条至八条街区由于受网络游记数量的限制，该街区的主轴编码结果与其他两个街区存在差异，表现在一级节点更加具体（图4.2）。在东四三条至八条街区游记的223个参考处中，共获得自由节点104个，归纳一级节点10个。

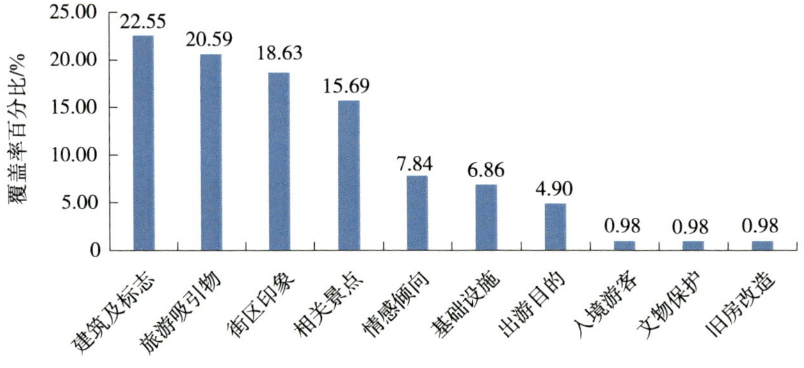

图4.2　东四街区覆盖文本的自由节点

建筑及标志（覆盖率22.55%），包括牌楼、影壁、四合院等；旅游吸引物（覆盖率20.59%），包括京味、民俗、名胜古迹等；相关景点（覆盖率15.69%），包括街区整体氛围、认知印象、正负面印象等方面；情感倾向（覆盖率 7.84%），可划分为正面情感、负面情感和中性情感；基础设施（覆盖率 6.86%），包括公共卫生间、交通工具和酒店等；出游目的（覆盖率 4.90%），包括闲逛、住宿等；入境游客（覆盖率 0.98%），文物保护（覆盖率 0.98%）和旧房改造（覆盖率 0.98%）。

在国子监街区的游记及评论提取的 651 个参考处中，共获得自由节点 233 个，归纳一级节点 8 个（表 4.9）。

表 4.9　国子监街区主要编码原理（节选）

一级节点	二级节点	出现频次	三级节点	出现频次	四级节点	参考处
旅游所见物	人物	28	外国人	7	—	在北京五道营胡同里，总能见到老外。 类似于南锣鼓巷的胡同，但是比南锣鼓巷更文艺一些，商业气息也相对轻一些，因为很多海归、外国人在此开店
			旅行团	1	—	孔庙的红墙和香火街道，让一队又一队的旅行团驻足
			路过的上班族	1	—	不时遇上骑着车赶路的上班族
			居民	6	大妈	店后就是大杂院和民居，早上可以看到端着搪瓷大碗出门的大妈
					孩子	那里抖着空竹的孩子们和提笼架鸟的老爷爷让人看到了老北京悠闲自得的生活
					大叔 老爷爷 老奶奶	老爷爷坐在阳光下晒太阳打着盹儿，小卖部的奶奶练着歌曲，大叔们在家门口和公交车上聊着中美贸易摩擦
			投资客	2	—	（五道营）胡同已发展成一条独具创意特点的新商业街，这也引来了更多的投资客

续表

一级节点	二级节点	出现频次	三级节点	出现频次	四级节点	参考处
旅游所见物	人物	28	文艺青年	6	—	到北京旅游的文艺青年适合在这条胡同里居住，平时没事适合去逛逛
			拍摄婚纱照的新人	2	—	不长的街道有好几对拍婚纱照的新人
	自然物	7	金黄的树叶	1	—	街道上全是金黄色的树叶，显得非常漂亮和壮观
			猫咪	5	—	大周末随处可见猫咪们睡得很香
			绿植	1	—	不少店铺都种着绿植，清晨的寂寥感加上点点的生动之色却让人越发体会出其中的生气
			石抱鼓	1	—	建筑都是中式风格，斑驳的红漆很有年代感，大红门、门墩、石抱鼓等和现代化的店铺、招牌、广告形成强烈的中西文化的撞击
			牌楼	15	—	在这里非常适合拍红墙，整个街上绿树成荫、枝繁叶茂，阳光透过叶间的空隙投影在红墙上，光与影结合起来，我非常喜欢
			红墙	4	—	
			灰墙青瓦	6	—	胡同两边都是老北京的建筑，灰墙青瓦很有文艺范儿
			上马石	1	—	国子监街，至今仍保留着5个牌楼，漫步在这条胡同里，随处可见一些旧时物件，上马石啦、下马碑啦、老百姓拜的火神庙啦
			下马碑	3	—	
			火神庙	1	—	
			森严大门	2	—	看着森严的大门和深宅大院，仍能感受到那种清高孤傲的书生气
			四合院	12	—	除了孔庙之外，街道两边的住宅都是四合院，古香古色

续表

<table>
<tr><th>一级节点</th><th>二级节点</th><th>出现频次</th><th>三级节点</th><th>出现频次</th><th>四级节点</th><th>参考处</th></tr>
<tr><td rowspan="12">旅游所见物</td><td rowspan="2">自然物</td><td rowspan="12">7</td><td>门墩儿</td><td>1</td><td>—</td><td rowspan="2">五道营有着深厚的文化底蕴，形形色色的宅院大门，精细琢磨的砖雕，形态各异的门墩儿</td></tr>
<tr><td>砖雕</td><td>1</td><td>—</td></tr>
<tr><td rowspan="10">店铺</td><td rowspan="8">艺术品店</td><td rowspan="8">8</td><td>“忒逗”</td><td>巷子里有很多文艺店铺、咖啡馆、餐馆等。推荐“忒逗”，有海归美少女的独创艺术品——小河马，非常可爱，看到了不买真是很难</td></tr>
<tr><td>饰品店</td><td>胡同里有很多不错的特色餐厅和饰品店，逛累了随便走进一家餐厅都能收获惊喜</td></tr>
<tr><td>茶具店</td><td>有许多中式大袍子的女装店，卖茶具瓷器首饰的店铺也穿插其中，可逛性很强</td></tr>
<tr><td>特色手绘店</td><td>举着郭庐的冰激凌甜筒，在各种买手店闲逛！逛着包子和饼饼家的特色手绘物</td></tr>
<tr><td>唐卡店</td><td rowspan="2">这个小胡同更安静别致些。制唐卡的、画白陶的、卖猫的、卖旧物的……多几分精心打磨的风情，游人少</td></tr>
<tr><td>陶器店</td></tr>
<tr><td>旗袍店</td><td rowspan="3">五道营里面有趣味的店铺很多，一家四合院改成的不贵的旅馆，一家口碑不错的旗袍店红馆，一家卖各式音乐盒的品种很全的小店，还有一家南方风味的素食馆，口味接近杭州灵隐寺的（口味），口感偏甜</td></tr>
<tr><td>音乐盒店铺</td></tr>
<tr><td rowspan="2">餐饮店</td><td rowspan="2">56</td><td>素食馆</td></tr>
<tr><td>茶馆</td><td>有一家喝茶的（茶馆），还不错，不过需要提前预约，我们去的时候只有楼上露台的位置了</td></tr>
</table>

续表

一级节点	二级节点	出现频次	三级节点	出现频次	四级节点	参考处
旅游所见物	店铺	7	餐饮店	56	咖啡馆	有些咖啡店极具设计感，适合去拍照的小青年们，像METAL HANDS这一类，咖啡和甜品的口味也是耐人寻味的。 胡同口有一家COSTA，就开在四合院里，古香古色
					食杂店	推荐国子监街口那家食杂店的蜂蜜酸奶，3元，拿走喝5元，瓶子押金2元
					甜品店	还有一些很有意思的酒吧和甜品店，走累了就随便坐一坐，都还蛮推荐的
					小烧烤店	五道营胡同步了南锣鼓巷的后尘，但在它还没那么为游客所知的时候，我的一个同学带我来过这里的一家小烧烤店吃烤串，记忆中那味道超好吃
			好白商店	1	—	还有许多朴素且不平庸的店铺点缀着这条充满古朴的街道，如梵儿客厅和好白商店
			梵儿客厅	1	—	
			花店	1	—	无意间还进了一家好看的花店——MIZU LABORATORY，花店绿植很多，装修布置清新，爱花的朋友一定要去看看
			猫咪馆	1	—	决定去五道营胡同逛一圈，想体会胡同巷子里的老北京生活，结果却被胡同里的猫咪馆吸引了注意力，爱撸猫又离得不远的小伙伴可以去打个卡

续表

一级节点	二级节点	出现频次	三级节点	出现频次	四级节点	参考处
旅游所见物	店铺	7	书吧	1	—	现在的五道营已经是北京最新兴的小资文艺聚集地，各种咖啡馆、书吧、精品小店比比皆是，是文青们的新宠之地
	其他	8	叫卖声	1	—	街边商贩带有浓重京味儿的叫卖声，无不向人渗透着北京独有的气息
			居委会布告	1	—	看到一个布告是说什么“摇号停车”等。当时我就想，住在这里的居民到底是可喜还是可悲
			来往的汽车	2	—	其实这条街虽然看起来貌似古老，还是透着浓郁的现代气息的，那来来往往的汽车，就很难让人找到寻古的感觉
			墙上的海报	2	—	比想象中安静，甚至冷清。从墙上的海报看，这里曾有“越夜越美丽”的时候
			文化产品	1	—	文化气息很浓，卖许多和文化相关的产品，可以去看看
			名人故居	1	—	除了国子监和孔庙，两旁还有许多美术馆和名人故居

“旅游所见物”（覆盖率 19.66%），包括人物、自然物、建筑及标志和小店等；“旅游吸引物”（覆盖率 5.53%），包括历史底蕴、美食小吃、网红打卡和猫咪等；“经历和活动”（覆盖率 2.46%），包括维修、旅游宣传等；“相关景点”（覆盖率 19.97%），包括孔庙、国子监、雍和宫、地坛和南锣鼓巷等；“街区印象”（覆盖率 41.01%），可细分为街区整体氛围印象、自然环境印象、认知印象等；“基础设施”（覆盖率 5.53%），包括交

通、餐饮、卫生间等方面；“游客特征”（覆盖率 2.92%），涉及游客的出游目的、游览时间和交通方式等；“情感倾向”（覆盖率 2.92%），可细分为正面情感、负面情感和中性情感。

在主轴编码的基础上进行核心编码，本书还提炼了旅游所见物、街区印象两个主题。在表 4.3 中提到的历史文化街区意象构成的 6 个维度中，街区吸引物是建立在所见物基础上，进一步引起游客注意力和兴趣的事物，而街区印象是建立在游客的旅游经历和对街区的基础设施、相关景点的感知的基础上的。综合逻辑关系和节点的实际覆盖率，旅游所见物和街区印象可以较好地反映出游客对历史文化街区形象感知的实际情况。

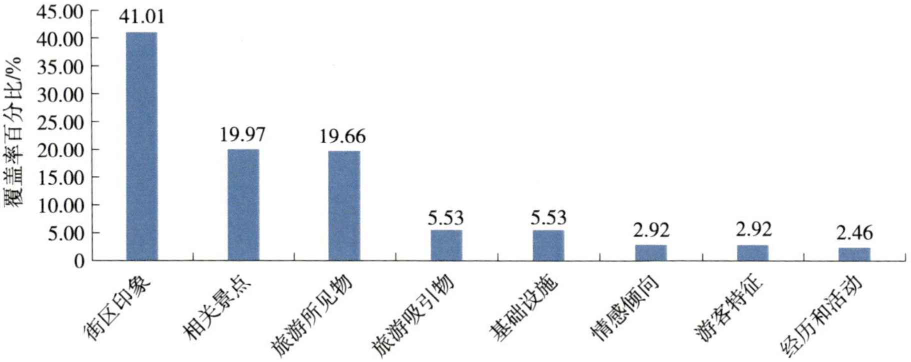

图 4.3　国子监街区覆盖文本的自由节点

4.3.3　情感评价

通过 4.3.2 节的自由编码，可分别获得游客对 3 个历史文化街区的情感评价。由于数据集的游记数量和字数有限，涉及情感评价的词汇也十分有限。考虑到对文本情绪的认知具有较强的主观性，本书在统计情感评价时对情感词只进行情绪性质的分类，只保留其否定前缀而忽略修饰性的程度副词，仅判断情感词是属于“正面情感”“负面情感”还是“中性情感”，而不考虑情绪强度。当一条游记中出现多种相似或相异的情感时，每一种情感均被单独记录，最终得出游客对该历史文化街区的总体情感评价。统计结果如下：

在南锣鼓巷街区的220条游记及评论文本中，共采集到情感评价145条，其中正面情感104条，负面情感35条，中性情感6条，占比如图4.4所示。参考Plutchik（1970）情绪三维模式图，对游客情感进行归纳，具体情况如表4.10所示。

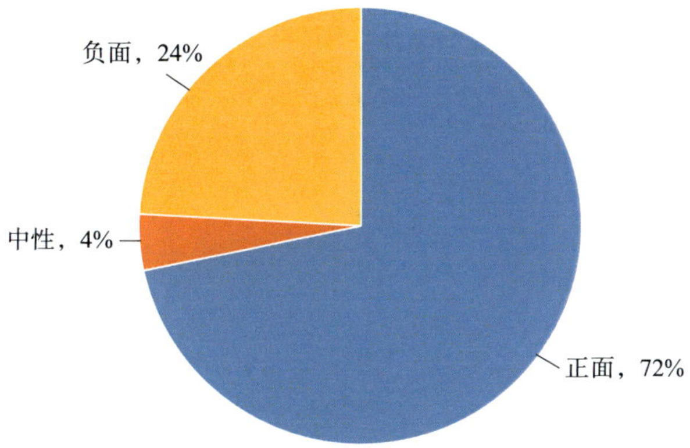

图4.4　南锣鼓巷街区情感分布

表4.10　南锣鼓巷街区情感评价

情感性质	出现频次	情感类属	出现频次	节点	出现频次	参考点
中性	6	沉思	5	时序感	1	僧王府如今已被分拆成为民宿，旧时堂前燕飞入百姓家
				渺小感	1	然而，我只是一个游人，它听不见我的声音
				孤独感	3	行走在南锣鼓巷，有一种特殊的感觉，游客匆匆走过，而你却遗世而独立
		接受	1	还行	1	总体感觉还行吧，偶尔去看看还行

续表

情感性质	出现频次	情感类属	出现频次	节点	出现频次	参考点
负面	35	厌倦	12	不足为奇	4	步行街的内容似乎都是千篇一律，免不了被各色的商业气氛极致渲染
				无聊	6	现在的南锣鼓巷真的没有什么可以逛的了，一些老味道的店早已不见踪影
				不感兴趣	1	对于这种文艺地方自己并不感冒，因为好像去过的每一个城市都会有一个“南锣鼓巷”
				疲倦	1	只可惜我们迷路了，而且走完这条长街我们都累了
		遗憾	6	遗憾	2	原以为来南锣鼓巷可以看到一些古老北京的文化与代表中华文化的点滴
				惋惜	4	现在已经被完全商业化了……可惜
		失望	15	失望	8	美食街的美食大同小异，没有特色，有点失望
				后悔	2	（南锣鼓巷）是本次旅行最后悔去的地方
				怅然若失	1	感觉很商业化，少了些感觉。有些拥挤，但是东西很少，说不出来的感觉
				不喜欢	2	那人，乌泱乌泱，瞬间就有了旅游景区的感觉！可是我们实在不喜欢这样的感觉
				扫兴	1	我只是陈述一下来这儿碰到的这件比较扫兴的事情
				印象不好	1	也许会各有特色，但是当时下雨了，没带伞，雨停了才回雍和宫附近，所以走下雨的夜路的印象不太好
		愤怒	2	抱怨	2	首先我要吐槽一下，我们一进去看见一家芋圆仙，这家（店）真心难吃啊
正面	104	狂喜	5	狂喜	4	吃货天堂啊！Beebee（我）在离开北京前又来一次了！Beebee（我）没忘记前面答应大家推荐的小吃！现在就公布
				情有独钟	1	走过很多路，看过很多景，依然逛不厌大街小巷，钟情于胡同巷里

续表

情感性质	出现频次	情感类属	出现频次	节点	出现频次	参考点
正面	104	快乐	63	大饱口福	15	作为入门吃货的我还是大饱口福，(吃了)文宇奶酪店的酸梅汤，头回吃那么薄皮的蟹黄包，很鲜
				尽兴	2	是一个人也可以玩一天也很尽兴的地方
				喜欢	10	个人表示非常喜欢这里，就是人有点多
				惬意	6	可以三五朋友在夜幕降临的时候坐在里面谈天说地，很是惬意的
				有趣	8	南锣鼓巷趣味性很高，有超多店铺，都蛮有特色
				美好	3	约朋友去逛一逛，享受美好的一天吧
				满足	15	总的来说，带着欣赏的眼光，边玩边看，这个地方是值得去的。 还有很多美味小吃，非常值得进去转转
				很棒	2	夏天的话很凉爽，可以欣赏夜景，感觉很棒的
				感动	2	在门口听屋里或沧桑或清澈或激情的声音，突然就很暖心
		惊喜	7	惊喜	2	我觉得每一个慕名而来的人都能发现属于自己的惊喜吧。 这里是我来得最多的地方，人口密度相当大。不过平时的晚上来到，会相对安静清闲。我觉得每一个来北京游玩的人，无论待的时间长短，都会来这里走上一程吧。这里我前前后后去了大概四五次了，包括逛街或者偶然经过。感觉这才是北京中心的枢纽站啊
				流连忘返	5	各种风格的店铺比肩毗邻，各种珍稀小玩物琳琅满目，令人流连忘返，目不暇接
		信任	29	方便	17	附近有地铁站，交通也是很便捷
				推荐	7	作为一个文艺青年，南锣鼓巷是我每次到北京的必去之处
				体验感好	5	都说这里保留了老北京最古老的味道，岂止啊……

东四街区游记中共采集到正面情感 9 条，负面情感 5 条，比例如图 4.5 所示，具体情况见表 4.11。

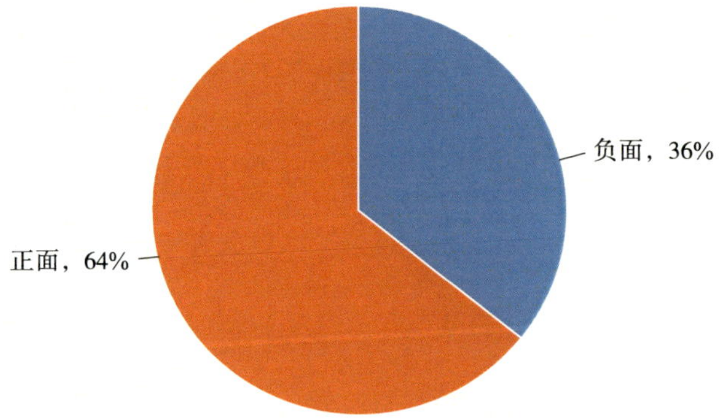

图 4.5　东四三条至八条街区情感分布

表 4.11　东四街区情感评价

情感性质	出现频数	节点	出现频数	参考点
负面	5	忧虑	1	（这里）不是景点，只是老北京市民最熟悉不过的居民区，因为不是景区，所以才最能保持它的原汁原味。希望它只是生活区，不会变成又一个南锣鼓巷
		不习惯	2	东四也是国家保护街道了，我们去小胡同里面看了一下，感觉很破旧，建筑都是老式的，想必现代人住里面也不怎么习惯吧
		怀念	2	从小在胡同长大，对于这片胡同有着特殊的情怀。现在好多人家都翻盖了，少了原来的味道……还是怀念小时候……
正面	9	推荐	6	小吃也很多，包含着老北京的韵味，值得推荐
		喜欢	2	我非常喜欢老北京这种胡同，似乎每条胡同里都会有很多很多故事，等着你去挖掘，去探索
		体验感好	1	北京多的是胡同，来北京一定要胡同游，才能感受和体验老北京的文化和历史

国子监街区游记中共采集到正面情感 13 条，负面情感 2 条，如图 4.6

所示，详见表4.12。因负面情感样本太少，不再进行节点统计。

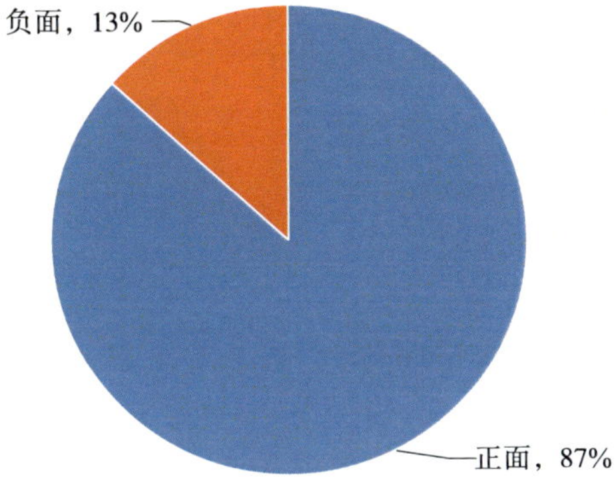

图4.6　国子监街区情感分布

表4.12　国子监街区情感评价

情感性质	出现频数	节点	出现频数	参考点
负面	2	愤怒	1	不知道是不是那天人太多，每家店的服务人员脸都特别臭，可以称之为臭脸胡同了
		遗憾	1	想去的小店儿没开门，想好好逛逛的小店儿人太多，没能找个人少的地方歇歇脚、喝杯咖啡也算略有遗憾了
正面	13	快乐	5	个人还是比较喜欢五道营胡同。这边距离国子监也很近，慢慢逛会发现很多好看的小店。 现在的五道营已经是北京最新兴的小资文艺聚集地，各种咖啡馆、书吧、精品小店比比皆是，是文青们的新宠之地。店后就是大杂院和民居，早上可以看到端着搪瓷大碗出门的大妈，晚上可以见到穿着时尚的文艺青年，非常有趣
		平静	2	胡同生活是能洗涤人心灵的，能让人静下心来想事情，让你重新审视自己的生活态度
		惊喜	3	胡同里有很多不错的特色餐厅和饰品店，逛累了随便走进一家餐厅都能收获惊喜
		满足	3	这里的游览价值还是蛮大的，更有其内的各个展馆，也会感觉不枉此行

4.3.4 历史文化街区游客感知形象对比

Gartner（1994）认为旅游目的地形象具有改变缓慢，诱发形象的形成因素须具长期性、集中性的特点，提出旅游目的地形象的改变必须以当前形象的评估为依据。因此，为总结历史文化街区的保护现状，探究街区当前感知形象与预期形象的差异，对历史文化街区形象进行评估是十分必要的。本书参照 Baloglu 和 McCleary（1999）对目的地形象的分类，并依据南锣鼓巷、东四三条至八条及国子监 3 个历史文化街区的实际编码结果，对 3 个历史文化街区的认知形象、情感形象和整体形象进行对比分析。

4.3.4.1 认知形象分析

游客对历史文化街区形象感知的高频词汇主要体现在街区所见物方面。街区所见物是旅游活动的客体，是游客在旅游过程中实地观察到的、街区给游客留下深刻印象的各种事物和因素，包括街区的自然、人文景观、建筑物和空间、居民、其他游客及其活动等多个方面。

（1）南锣鼓巷街区

在南锣鼓巷街区，游客关注较多的主要有各种店铺、建筑及标志、名人故居，而与当地居民生活相关的事物，如居委会布告、房屋改造等被提到的频次较少。这与南锣鼓巷主街人流量大、商业化程度高，而十六条支巷人流量小、古建遗址多、实际居民相对较少有关。

热度较高的店铺包括以下几类：①网红小吃店。网红小吃店多因店内某些经典小吃而声名大噪。如被提及 43 次的文宇奶酪店，其双皮奶、红豆奶酪、酸梅汤最受欢迎；海小姐的玫瑰饼共被提及 9 次，以玫瑰馅鲜花饼著名；尼积小栈共被提到 4 次，其香啡包、巧克力包受到欢迎；梦想家潮流饮品店被提到 2 次，均推荐其乌云冰激凌。②传统北京小吃店。游客常以“尝鲜”的心态购买北京传统小吃，被提到次数较多的有爆肚、老北京糖葫芦、北冰洋汽水、老酸奶、烤鸭、豆汁儿、焦圈。被提到的店铺有李记卤煮等。③文化创意产品店。知名度较高的文创产品店有以创意 T 恤为特色的“创可贴 8”，其由英国人江森海所创办，店中 T 恤上印的是北京的特色元素，体现了一个外国人看待北京的眼光；有以怀旧为主题的“本土意识”和“童年”，前者售卖 20 世纪七八十年代常见的暖水瓶、陶瓷杯等生活用品，后者售卖“80 后”“90 后”小时候吃过的零食；还有以京味文化为代表的“南锣故事”，售卖老北京文化衫、邮票、明信片等文化用品。④其他。包括没有提到具体店铺名的酒吧、咖啡厅、主题书店、传统衣饰店和艺术品店等。

值得注意的是，受到游客关注较多的建筑包括具有地方特色的传统建筑物和构筑物，如传统四合院（包括四合院内部的垂花门、游廊、雕花影壁、门楣瓦当）、青石板路、红墙、上马凳、南锣鼓巷的牌楼等，以及主街上商业开发的店铺门面装修，包括特色招牌、对联、橱窗布置、装饰用的雕塑和落地玩偶，如“倒字对翅”用倒字书写的对联和招牌、“本土意识”的奖状式招牌。

游记中常见的名人故居包括达贝子府（和敬公主府）、冯国璋故居、婉容故居、可园（清代大学士文煜宅第）、洪承畴故居、蒋介石故居、茅盾故居、齐白石故居、绮园（清代内务府总管察哈拉·明善宅邸花园）、荣禄故居、僧格林沁王府、蓑衣胡同 2 号院（爱新觉罗·溥任故居）等。其中溥任故居位于蓑衣胡同，齐白石故居位于雨儿胡同，达贝子府、冯国璋故居、婉容故居、可园位于帽儿胡同，洪承畴故居位于黑芝麻胡同，以上胡同位于南锣鼓巷主街西侧，分别由南至北排列。僧格林沁王府位于炒豆胡同，绮园位于秦老胡同，蒋介石故居、茅盾故居位于后圆恩寺胡同，荣禄故居位于菊儿胡同，以上胡同位于南锣鼓巷主街东侧，分别由南至北排列。以上故居在游记中的出现频次与所在胡同的位置，以及所在胡同与主街的相对位置并无明显关系，这可能与南锣鼓巷街区的整体面积较小、游客得以在较短时间内游览完全部胡同有关。整体上被提到次数最多的名人故居分别是齐白石故居（12 次）、婉容故居（12 次）、茅盾故居（9 次）、僧王府（6 次）、蒋介石故居（4 次）和可园（4 次）。

（2）东四三条至八条街区

在东四三条至八条街区，游客印象较深的是建筑和标志物、小吃、名人古迹和老北京民俗特色。建筑与标志中被提及频次较高的是传统四合院建筑，如四合院内部的影壁，以灰色为主的民居建筑色彩和老北京人的生活状态。“东四牌楼”被提到 9 次，这与东四的悠久历史有关，“东四牌楼”建于明代，是 4 座位于十字路口的四柱三楼式木牌楼，清康熙三十八年（公元 1699 年）毁于大火，后曾照原样重修。1954 年东四牌楼彻底拆除，今已不存。游记中频繁出现“东四牌楼”和“曾经的繁华”，说明游客对东四历史有一定程度的了解。同时，传统建筑普遍会引起游客的历史思考和怀旧等情绪，如“凝聚着全部儿时的记忆的四合院和胡同……院里的大枣树、葡萄架下的绿荫，姥爷的象棋盘，一起玩耍的儿时伙伴，而今都已是物是人非”。

游记涉及的游客活动及经历相对简单，主要包括遛弯儿、就餐和住宿 3 种。游记中提到的小吃有东四四条的卤煮，东四五条的羊蝎子、老家肉饼，东四六条的门钉肉饼和钱粮胡同的烤串。与其他两个街区情况不同的是，在采集的东四游记文本中没有出现打卡小吃的情况，均为出游过程中的常规餐饮，这一现象与东四作为居住区旅游开发程度低有关。

东四街区的名人古迹较少，游记中提到的有东四三条南的孚王府和东四六条的崇礼住宅。除此之外，游记中提及的胡同和场所有：保存较为完整的东四三条、东四八条和东四三条中的菜市场；相对宽敞的东四六条；

餐饮较多的东四四条和东四六条；名字值得考据的报房胡同，以及钱粮胡同、教子胡同、魏家胡同、铁营胡同、月光胡同和月牙胡同。同时，胡同的复杂形制导致游客出现迷路的情况，此类描述有“找不着北”“凌乱”，而大片胡同的整体观感被形容为“城中村”，如“这里是真正老北京的感觉，当然了，有时候有城中村的感觉”。

（3）国子监街区

在国子监街区，游客印象较深的是各类店铺、街区内的各类人物、建筑。对游客构成吸引力的主要有街区的历史底蕴、香火、美食小吃、网络推荐的各类打卡胜地。相关景点被提到的频次较高，而较少涉及游客的经历及活动，这一点与其他两个历史文化街区相似。值得注意的是，国子监街区游记中表达游客街区印象的节点占比最高（41.01%），后文将具体分析这一现象的成因。

国子监街区受到关注的店铺包括：①艺术品店。包括出售民族服饰、饰品、陶瓷、茶具、音乐盒、唐卡、古玩等的店铺。古玩、文房用具和陶瓷等传统工艺品主要集中在国子监街，民族服饰、音乐盒等艺术品主要集中在五道营胡同。②餐饮店。包括小烧烤店、甜品店、食杂店、酒吧、茶馆和咖啡馆。酒吧和咖啡馆出现的频次最高，主要集中在五道营胡同。此类店铺在类别上与南锣鼓巷相似，但较少出现具体的店铺名。由此可见五道营胡同的商业生态与南锣鼓巷相仿，但受游客量和知名度影响，尚未出现大量的“打卡店铺”。游客游记多止步于对店铺的整体描述，仅对少数店铺进行了推荐但尚未形成口碑。③起名馆。此类商铺是国子监街的特色店铺，主要集中在国子监、孔庙和雍和宫周围街道，是雍和宫佛教文化和国子监古代文教中心的衍生物，成为该街区的独特风貌。然而，网络游记中往往只将这类店铺作为景点特色进行描述，而少有游记描述了其咨询或购买情况。这可能与社交媒体的用户群体有关，参与此类活动的游客普遍年龄偏大，较少使用社交媒体进行旅游经验分享。④复古家具店。此类店铺同样是国子监街的特色，依傍肃穆的街区气氛和相对便宜的地租，逐渐出现产业集聚现象，代表店铺如梵几客厅、Lost&Found 等。⑤其他店铺。包括书吧、猫咪馆、花店、好白商店。

街区人物主要包括：①外国人。有入境游客和外国店主两类，国子监街区内有雍和宫、国子监和孔庙 3 个著名景点，是传统建筑和历史底蕴较为集中的街区，普遍受到入境游客的欢迎。而外国人开设的店铺主要集中在五道营。②旅行团。街区内常见参观景点或在此安排餐饮休息的旅游团，多在安定门内大街等主要街道活动。③当地居民。国子监街面积较大，拥有大片居民区，选择这一街区进行胡同游的游客能够体会真实的老北京生活，如“拥有 700 多年历史的国子监保留着老北京街巷的风貌，古色古香的牌楼，灰墙灰瓦的四合院……那里抖着空竹的孩子们和提笼架鸟的老爷爷让人看到了老北京的悠闲自得的生活”。④其他人物，如路过的上班族、拍摄婚纱照的新人。前者与四通八达的胡同分布相关，后者则与胡同较为完好的保存情况和浓厚的历史氛围相关。

建筑方面可分为两类，国子监街、雍和宫附近的红墙、牌楼和森严大门等代表封建社会高等阶级的历史存留物，以及居民区的灰墙青瓦等带有真实生活气息、保存较为完好的民居建筑。这也导致游客对街区的整体感知出现了“森严肃穆”和“朴素破旧”两极分化的情况。

4.3.4.2 情感形象分析

由 4.3.3 节可知，南锣鼓巷街区共采集到正向情感 104 条，中性情感 6 条，负向情感 35 条。东四三条至八条街区共采集到正向情感 9 条，负向情感 5 条。国子监街区共采集到正向情感 13 条，负向情感 2 条。从 3 个历史文化街区的整体情感分布上看，游客对 3 个历史文化街区产生的情感倾向均为正向居多，受样本数量和情感记录方法的限制，东四街区和国子监街区的情感节点数量较少，且仅有正负向的区别。情感分析可以发现，引起游客情感正负分化的因素相似，但具体诱发物有所区别。

（1）南锣鼓巷街区

在南锣鼓巷街区，游客的负向情感可归纳为“遗憾”“厌倦”“失望”“愤怒”4种，“遗憾”和“失望”多出于游客对街区预期的落空或突发事件，前者如“原以为来南锣鼓巷可以看到一些古老北京的文化与代表中华文化的点滴，结果看到的是充满商业气息的食品店、餐厅，以及一些时尚店面……古老的北京，也找不到太多的中华文化，唯一可称为中华文化的就是吃，吃的东西充斥整个区域，古老的东西只有破败的建筑物。如果要来这里找寻除了吃以外的中华文化，肯定失望而归”。此类评论出现的频数较高，反映出游客对这一街区意象的预期和实际感知情况的偏差。后者如“也许会各有特色，但是当时下雨了，没带伞，雨停了才回雍和宫附近，所以走雨的夜路印象不太好”。“厌倦”这一情绪常由于游客无意识地对旅游目的地形象进行对比而产生，如“步行街的内容似乎都是千篇一律，免不了被各色的商业气氛极致渲染”。南锣鼓巷街区作为历史文化街区具有独特的文化、历史和旅游价值，而游客对这一街区的主要印象是建立在已经商业化的主街上的，而全国范围内古街的旅游开发模式具有同质性，因此常见“千篇一律”“不足为奇”等评论。此外，引发游客强烈负面情绪的往往是具体的某样事物或不好的旅游经历，“愤怒”往往来源于游客对店铺糟糕的服务态度和不好的就餐、出游体验，如“首先我要吐槽一下，我们一进去看见一家芋圆仙，这家（店）真心难吃啊”。

南锣鼓巷街区正向评论出现的频率明显高于负向，这与已有的类似研究结论相符。南锣鼓巷街区的游客正向情感可归纳为“狂喜”“快乐”“惊喜”和“信任”4类。“狂喜”“快乐”出现于游客的正向旅游经历，并常引起游客的自发推荐，前者如“吃货天堂啊！Beebee（我）在离开北京前又来一次了！Beebee（我）没忘记前面答应大家推荐的小吃！现在就公布！”“快乐”则是一种在程度和内涵上都十分广泛的情绪，在游记中十分常见，“大饱口福”“惬意”“喜欢”“满足”等都可归结为“快乐”，而引发这些情绪的事物或为具体的商品、人物、旅游经历，或为街区整体的氛围、格调和历史底蕴。前者如“还有很多美味小吃，非常值得进去转转”，后者如“在南锣鼓巷旁边都是老北京的胡同，而且都是连着的，那里就人少很多，很安静，在那里走走其实也很有味道的。都是一些老建筑，还有一些王府，现在里面还住着人家，很古老的味道，建议去走一下”。“惊喜”是旅游过程中超出游客期待的事物引发的正向情绪，多源于具体的事物，如“意外的发现了一家特色小店，豫游纪……店里的产品图案都是传统文化里的元素，有萌萌的麒麟头、老虎头、胖头招财鱼，还有各式各样好看的纹样图……能在南锣满大街的义乌丽江产品中，发现原创的文化产品，还是很惊喜的，来南锣的朋友们，别错过了这家店，门头很小，但是里面别有洞天”，这类情绪的诱发因素较为偶然，但却在很大程度上可以改变游客的情感倾向，也是街区保护与旅游利用过程中关键的参照点。“信任”是高于“满意”的强烈情绪，以游客的切身出游体验为基础，是游客对交通、治安或商铺的高层次的接受。口碑营销和推广往往基于信任的情绪。例如，“作为一个文艺青年，南锣鼓巷是我每次到北京的必去之处，你可以徜徉在美食飘香的路上，可以流连于满是新奇小物的店铺，可以和街头巷尾的‘老北京’谈天论地，还可以和幽默的外国店主聊聊并不好的英文。可以独自漫步游赏，也可以邀约一二友人闲逛流浪。喜欢热闹的可以去酒吧喝上两杯酒，听上几首歌”。

还有一点值得注意，游记中并无明显的中性评价，游客的情感倾向常表现为两极分化，即不同程度上趋向于极度快乐或极度愤怒的趋势。这一现象与网络文本的性质相关，游客使用社交媒体分享旅游经历往往以较为强烈的情绪感受为直接动力，而平和的中性情绪常常不足以驱动游客分享游记。在南锣鼓巷街区的相关游记中，中性评价表现为“接受”和“沉思”，前者是对街区整体意象的情感态度，描述词多为“一般”“还可以”，后者则是具体事物或意象引发游客的沉思，特别是游客对南锣鼓巷历史底蕴和现状的思考，对时间流逝的感受等。例如，“僧王府如今已被分拆成为民居，旧时堂前燕飞入百姓家”。

（2）东四三条至八条街区

在东四街区，受游记样本数量和街区居住区功能的限制，本书仅在情绪表达较为清晰明确的游记中提取到正向情感 9 条，负向情感 5 条。为保持情感分析的准确性和真实性，本书不再对游客情感进行深度归纳总结。

负向情感包括“忧虑”“不习惯”和“怀念”3 类。“忧虑”是游客对东四街区未来发展方向的思考，不希望这一居住区成为下一个南锣鼓巷。类似的评论同样出现在国子监街区的游记中，在一定程度上是游客对历史文化街区意象预期的拟构与表达，即希望这一类历史承载物尽可能长久地保持原貌，较少地受到商业浸染。“不习惯”则是出于游客目睹“城中村”的现状后，对当地居民的共情心理。“怀念”则是部分对老北京胡同生活有着童年记忆或早年印象的游客，故地重游引发的情绪，如“从小在胡同长大，对于这片胡同有着特殊的情怀。现在好多人家都翻盖了，少了原来的味道……还是怀念小时候”。

正向情感包括“喜欢”“体验感好”“推荐”3 类，“喜欢”是对街区历史氛围等正向情绪的直接表达，此类情绪往往与街区旅游吸引物直接相关，如“我非常喜欢老北京这种胡同，似乎每条胡同里都会有很多很多故事，等着你去挖掘、去探索！”“体验感好”侧重的是旅游的实际感受和体验，往往是对街区旅游体验的概括总结。而“推荐”涵盖以上两种情况，是游客无意识地对旅游经历进行回顾、梳理后，对格外具有吸引力的事物进行描述、自觉推广的一种情绪，是正向情感倾向的高层表达，具体描述方式包括“不虚此行”“值得一来”等。

（3）国子监街区

在国子监街区的相关游记中共提取到正向情感 13 条，负向情感 2 条。负面情感包括“遗憾”“愤怒”两类，前者是由于出游时间不当而引起的遗憾，“想去的小店儿没开门，想好好逛逛的小店儿人太多，没能找个人少的地方歇歇脚、喝杯咖啡也算略有遗憾了”；后者是由于不好的购物体验引发的愤怒情绪，“不知道是不是那天人太多，每家店的服务人员脸都特别臭，可以称之为臭脸胡同了”，两类情绪均只有一例。值得注意的是，店铺糟糕的服务态度引发的愤怒、不满等情绪在 3 个历史文化街区游记的 372 份样本中只有 3 例，远少于预期。考虑到街区商业开发模式导致的主要街道店铺密集的实际情况，店铺服务质量的实际差评率可能低于当前统计结果。可以猜测，3 个历史文化街区的店铺服务水平高于一般景区商业的平均水平。出现这一现象的原因可能包括以下几点：①历史文化街区的特殊性质决定了纯观光游客占游客总量的绝大部分，实际参与商业交易的游客数量并不多；②快餐小吃类店铺的服务特色决定游客的关注点极有可能并不在于服务质量；③街区店铺流动性大的现状反映了商业竞争的激烈性，良好的服务在一定程度上正是商业竞争的产物。

国子监街区的正向情感包括“满足”“惊喜”“快乐”和“平静”4 类。“满足”是对整体街区氛围符合或超出预期的满意，具体可分为对街区自然环境及人文环境的满足，前者如“漫步在这条胡同里，随处可见一些旧时物件，上马石啦、下马碑啦、老百姓拜的火神庙啦，脑补着这条街过去的样貌，实在有趣。即使夏天来，也不会觉得热得慌，这里绿树成荫，遮住了整条街道，在北京真是难得”，后者如“因此这里的游览价值还是蛮大，其内更有多个展馆，也会感觉不枉此行”。“惊喜”情绪的诱发场景与其他两个街区相似，是更加强烈的“满足”，不同的是，“惊喜”常常为游客直接记述或表达，如“胡同里有很多不错的特色餐厅和饰品店，逛累了随便走进一家餐厅都能收获惊喜”。引起游客“快乐”情绪的往往不是某一具体事物，而是游客亲身经历的整体感受，如“我对这里的印象超级好，古树、古街，氛围超棒……怎么走着都有一种书香的味道”。与其他两个街区相比，引发游客快乐情绪的事物集中在国子监周围，国子监的历史底蕴和独特氛围也是该街区的主要旅游吸引物。这也可以作为“平静”这一独特情绪出现在该街区的解释，不同于一般的作为市井生活区的胡同和已经被商业开发的胡同，国子监街区相对肃穆的气氛会带给游客截然不同的心理感受。

4.3.4.3 整体形象分析

游客对南锣鼓巷街区整体氛围的认知有僻静、繁华、复古怀旧、干净、充满创意、多元、令人放松、高冷、有格调、古色古香、老北京韵味、冷清、有历史感、美丽、热闹、肃穆、贴近生活、温柔亲切、文艺小资、新奇、喧嚣、雅致、慵懒、拥挤、脏乱等。其中僻静、贴近生活、古色古香、有历史感和老北京韵味是游客对16条支巷形象的认知，而繁华、热闹、文艺小资等是游客对主巷的认知。“干净—脏乱”“冷清—热闹”“高冷—贴近生活”等对立的认知则往往产生于不同的时间段或季节，例如，清晨和上午人流较少、店铺并未全部开张，下午和晚上人流量大、店铺开张、街景繁华。肃穆、喧嚣、雅致、慵懒是对南锣鼓巷整体氛围的感知，创意、多元、温柔亲切等则是对主街商业业态的感知。游客对南锣鼓巷街区的整体印象描述包括“历史上的富人区”“美食一条街”“北京中心的枢纽站”“传统民居区”“古典与现代的结合体”“文艺青年聚集地”等。总之，南锣鼓巷的整体形象较为多元，反映出街区能够满足不同游客观光、感受历史、餐饮等休闲娱乐的旅游需求。

与南锣鼓巷街区不同，游客对东四三条至八条街区的整体形象认知较为统一，主要有朴素、破旧、原汁原味、古老、保留完整、形制规整、精美等。东四街区是保留较为完整的大片四合院居民区，游客对该街区的形象感知多基于胡同风貌和传统建筑，因而感知结果较为一致。游客对东四街区的整体印象描述有“城中村”“古老的印记”，部分游记提到民居四合院大多经过翻盖、当地房价昂贵等现象。同时有游记表明该街区的实际游览经历乏善可陈，趣味性不高，仅适合散步或取景拍照，而缺乏其他休闲娱乐活动。

游客对国子监街区整体氛围的认知有庄重、优雅、小众、清高孤傲、轻松慵懒、朴素而不平庸、冷清、京味、陈旧、古色古香、安静、多元等。其中古色古香、安静、京味、陈旧等认知和其他历史文化街区具有相似性，同时也是老北京历史文化街区的普遍形象。而庄重、优雅、清高孤傲、朴素而不平庸等认知则是游客对国子监附近建筑及氛围的独特感受，形成该街区旅游形象的特色。国子监街附近的红墙黄瓦、高大牌楼和普通居民区的灰墙灰瓦会造成游客认知的明显分异，游记中可以明显看出游客对街区建筑颜色变化的觉察和感知情况。由此可见，街区内的著名景点对街区整体形象会产生极大影响。

南锣鼓巷、东四三条至八条、国子监 3 个街区的游记均普遍提及了与街区相关的景点（覆盖率分别为 5.09%、15.69%、19.97%），这些景点可细分为附近景点和类似景点两类。前者是在地理位置上与街区邻近，可在一天时间内一并游览的景点，如南锣鼓巷街区附近的故宫、景山公园、王府井、后海、北海、鼓楼等，东四三条至八条街区附近的王府井、簋街、北京工人体育场、东单等，国子监街区附近的国子监、孔庙、雍和宫、地坛、中国美术馆等。后者是全国范围内与该历史文化街区具有相似性的民俗风情街或胡同里弄。例如，南锣鼓巷街区评论中常见的上海田子坊、成都宽窄巷子、厦门的曾厝安、杭州的河坊街等。上海田子坊同样出现在国子监街区的游记中，但出现频率明显低于南锣鼓巷街区。而东四三条至八条街区的游记中则没有出现类似景点。

这一特殊现象可以从两个方面加以解释：一是受街区区域面积和非典型景区的特性影响，游客在历史文化街区停留时间较多，往往与周边景点一并游览，或作为一日游行程中休息餐饮的场所，因而在游记中频繁出现附近景点。二是历史文化街区是北京老城的典型代表，随着全国范围内文化旅游的兴起和历史意识的回归，游客对代表老北京历史和民俗文化的胡同的关注度较高，常与全国其他古街古建进行同类比较。

值得注意的是，在东四三条至八条街区和国子监街区的游记中常提及南锣鼓巷街区，并将之作为比较对象，而在南锣鼓巷街区的游记中则少见对东四街区和国子监街区的评论。这可能与 3 个历史文化街区的知名度不同有关：南锣鼓巷街区作为开发较早的历史文化街区，主街商业化程度高，街区旅游模式较为成熟，享誉海内外，是中外游客在北京的必游景点之一，经过 2016 年的全面整治，已经在一定程度上克服了衰落期，保持了稳健发展的趋势。而东四街区作为传统居民区，较少受到游客关注，相对保持了街区原貌。国子监街区属于传统文教中心，街区风貌和普通居住区具有较大差异，游客对该街区的旅游期待也不同于南锣鼓巷。因此东四街区和国子监街区均处于发展阶段，游客会将其与各方面更成熟、更知名的南锣鼓巷街区进行对比。同时，这一现象说明游客对历史文化街区的旅游开发模式有大致认识，部分游客已经察觉到历史街区同质化趋势，并表示不希望看到这种态势发展下去。

4.4 结论

本章选取南锣鼓巷街区、东四三条至八条街区、国子监街区 3 个历史文化街区为研究对象，从旅游主体角度出发，探究历史文化街区形象的游客感知现状。本章构建了基于网络游记文本的北京历史文化街区形象感知模型，并对 3 个不同类型的历史文化街区进行了形象评估和情感分析。研究得出以下结论：

（1）游客对街区形象的感知多基于旅游过程中的所见物，3 个历史文化街区的传统建筑、名人故居均受到较多关注。街区性质、规制、历史渊源都会影响游客感知，不同街区各具特色，会给游客留下不同的印象，如南锣鼓巷街区的小吃、东四街区的民俗特色和国子监街区的香火气息。

（2）游客对南锣鼓巷、东四三条至八条、国子监 3 个历史文化街区的感知整体上为正负两极分布，少有中性评论，且正向感知普遍多于负向感知。正向感知多基于美食小吃、文创产品、老北京工艺、舒适的自然环境、丰厚的历史底蕴和胡同的整体氛围，负向感知多基于物价、店铺服务、人流量和糟糕的天气。

（3）游客有意识地对相似的历史文化街区进行对比，并对街区同质化现象和历史感的消失感到惋惜。历史文化街区旅游规划与开发应避免商业模式的同质化，应因地制宜，朝多元化方向发展。

5

基于图片分析的北京市历史文化街区游客意象感知

5.1 研究内容

根据约翰·厄里的“旅游凝视”理论，视觉在旅游体验的所有感官中处于核心地位，而照片是“旅游凝视”的有形化和具体化。通过分析旅游者拍摄的人文、风光照片可以了解游客视角下的目的地，从而揭示“凝视”背后的旅游需求（Needs）、动机（Motive）和行为（Tour），对于游客意象研究具有重要意义。考虑到 Flickr 是雅虎（Yahoo）旗下的图片分享网站，其注册用户来自全球，并且图片元数据包含用户拍摄地点的经纬度信息，因此通过分析在历史文化街区范围内拍摄的 Flickr 图片，我们可以获知国内外游客在历史文化街区游览时的“凝视”，继而构建游客意象。

本章选取 3 个具有不同特色的历史文化街区：南锣鼓巷、国子监、东四三条至八条街区为研究对象，以全球顶级的图片共享网站 Flickr 中的旅游图片为研究数据，以旅游目的地形象理论为基础构建适合历史文化街区的研究模型，采用质性分析和符号学分析的混合研究方法，通过分析图片的内容和形式，揭示旅游者心目中的街区形象。

5.2 研究方法

5.2.1 数据获取

本书采用的数据是 2016 年北京市域范围的 Flickr 图片。Flickr 是雅虎旗下的图片分享网站，也是全球最有影响力的图片管理和分享应用程序之一。许多用户在 Flickr 上分享他们的私人照片。Flickr 允许用户将照片标上标签（Tag）并且以此方式浏览。Flickr 提供了供开发人员使用的 API，通过调用这些 API，本书获取了一定时间和空间范围内带有“旅游”标签的图片，去掉明显不相关和无意义的图片，并根据统计数据中 3 个历史文化街区的游客数量比例，对剩余的图片数据集中进行等距抽样，最终获得用于分析历史文化街区的图片数据集。3 个街区的图片数量如表 5.1 所示。

表 5.1　三个历史文化街区的照片数量　　单位：张

照片数量	南锣鼓巷	东四三条至八条	国子监街区
采集的原始照片数量	1 904	289	2 285
清洗、抽样后的照片数量	220	50	185

5.2.2　基于图片的历史文化街区意象构成

基于图片分析的旅游地意象可分为显性特征和隐性特征。显性特征是从图片中能明确识别的特征，如建筑、环境、人物等，而隐性特征则是研究者从图片中解读出的信息，如图片蕴含的情感、拍照者的拍摄动机等。

（1）图片的显性特征

MacKay 和 Couldwell（2004）通过分析加拿大历史公园的摄影图片，将旅游目的地意象分为建筑外观、建筑的内景、历史生活展示、农业设备、植物和人；程德年等（2015）在分析南浔宣传片的内容时将旅游目的地意象划分为自然资源、生态环境、社会环境、文化艺术、旅游基础设施、旅游休闲娱乐；皮瑞（2018）将少林寺的目的地形象划分为 15 个树状节点，包括常住院、烧山寺、人物、古树飞鸟、舞台化演艺、僧人生活、周边景点建筑、塔林寺院内文物遗物、寺内佛像节事文化活动、旅游设施、少林寺斋饭、香火、武校等；吴晋峰（2014）将历史文化街区意象划分为旅游吸引物、基础设施、休闲娱乐、旅游环境、地方氛围。

（2）图片的隐性特征

在旅游地意象隐性特征的要素构成方面，Beerli 和 Martins（2004）认为旅游地意象隐性特征包括政治和经济因素、社会环境和地方气氛。Kim 和 Richardson（2003）提出旅游地意象特征包含拥挤程度、整洁程度、安全性、经济发展态势、现代化程度、独特性、居民友好程度等隐性要素。

本书在梳理过去研究成果的基础上，运用扎根理论对 3 个历史街区的图片数据集进行预分析，最终将历史文化街区的图片内容划分为旅游吸引物、日常活动、人物、街景、公共设施、地方氛围 6 个维度（表 5.2）。其中，地方氛围是隐性特征，包括拥挤的、整洁的、老旧的、繁华的等认知要素；旅游吸引物、日常活动、人物、街景、公共设施是显性特征。旅游吸引物包括自然物、文字景观、商品、美食饮品、建筑，其中的自然物指单独拍摄的小猫、小狗等宠物以及绿植，文字景观包括招牌、门牌、宣传标语、涂鸦等，建筑包括名人故居、传统建筑和建筑装饰。

表 5.2　图片内容的构成维度

维度	旅游吸引物	日常活动	人物	街景	公共设施	地方氛围
因子	自然物	表演活动	驻场歌手	商业业态	剧场影院	拥挤的
	文字景观	休闲活动	中国人	色彩	交通工具	整洁的
	商品	上班工作	外国人	拍摄时间	公共卫生间	老旧的
	美食饮品	—	小孩	拍摄季节	宾馆	繁华的
	建筑	—	游客	—	—	—
	—	—	当地居民	—	—	—

5.2.3　旅游地意象的测度方法

（1）图片显性特征的测度方法

本书使用 Nvivo 软件对游客照片进行质性分析，采用 Strauss 的三阶段编码，从图片中提炼出具有高度概括性的显性特征主题。

（2）图片隐性特征的测度方法

图片隐性特征较为主观，不同的人对同一张照片会产生不同的看法。如果对每张图片都进行隐性特征分析，不仅操作难度大，而且不准确。通常情况下，旅游照片中只有一小部分照片表达出情感意象，如 Yüksel 和 Akgü（2007）只将 2 张旅游明信片作为研究对象。因此，本书只选取能够分辨出隐性特征的部分 Flickr 图片进行分析。

5.3 历史文化街区游客感知形象对比

5.3.1 南锣鼓巷街区

南锣鼓巷是北京著名的历史文化街区，许多中外游客慕名而来。南锣鼓巷的旅游开发时间较长，商业化氛围浓郁。这是南锣鼓巷与另外两个街区区别最大的地方。在南锣鼓巷的游客照片中也出现了许多“网红店铺”，如文宇奶酪店、咂摸餐馆等，充分体现了南锣鼓巷的商业化气氛。南锣鼓巷总共选取了 220 张图片，具体的编码情况如表 5.3 所示。

表 5.3 南锣鼓巷图像表征分类

一级节点	二级节点	三级节点	四级节点	频数
旅游吸引物	自然物	动物	小狗、小猫	9
		植物	花朵	2
	文字景观	宣传标语	禁止酒驾、禁止摆摊	2
		涂鸦	蘑菇形状涂鸦、骷髅涂鸦、京剧脸谱涂鸦	3
		复古海报	—	5

续表

一级节点	二级节点	三级节点	四级节点	频数
旅游吸引物	商品	—	唐装、啤酒、卡通模型、茶、布制面具	6
	美食饮品	—	鸭腿盖饭、水饺、蝎子、沙虫、比萨、北京烤鸭、老北京酸奶、烤鱼、宫保鸡丁、蝉蛹、冰糖葫芦、冰激凌	20
	建筑	名人故居	茅盾故居、齐白石故居	2
		建筑装饰	五星红旗、圣诞树、人物模型、门雕、龙雕屋檐、风铃、灯笼、灯、窗雕、彩色灯笼玻璃瓶、鞭炮	14
		传统建筑	四合院、办公大楼、茶馆、牌楼	7
日常活动	表演活动	—	演唱会、京剧	3
	休闲活动	—	放烟花、下象棋	2
	上班工作	—	上下学、修缮	3
人物	—	客源地	中国人、外国人	29
		身份	驻场歌手、当地居民、游客	27
		其他	小孩	8
街景	商业业态	服装店	左手右手衣服店	3
		餐饮店	唖摸餐馆、芋圆仙奶茶、街边小吃店、文宇奶酪店、李记香豆腐、东北饺子馆、倒字鸡翅	25
		咖啡店酒吧	听月酒吧、沙漏咖啡	17
		其他	修车铺	1
	拍摄时间	—	白天、夜晚、黄昏	45
	拍摄季节	—	春夏季、秋冬季	21
	主要色彩	—	土黄色、绿色、灰色、红色	30
公共设施	基础设施	—	公共卫生间、宾馆、剧场影院	3
	交通工具	—	自行车、三轮车、汽车、黄包车、公交车	15
地方氛围	正面的	—	繁华的、休闲的、整洁的	18
	负面的	—	萧瑟的、忙碌的、老旧的、拥挤的	12

通过 Nvivo 软件进行质性分析，旅游照片被分为旅游吸引物、人物、日常活动、街景、公共设施 5 个显性特征，最受到人们关注的前三项分别是旅游吸引物、街景和人物，分别占比 30.9%、20.4% 和 17.2%，表明这些维度是构成南锣鼓巷意象的核心要素和与符号。

首先，在旅游吸引物方面，游客普遍关注具有中国特色和地方特色的吸引物，包括特色美食、商品、文字景观和建筑。其中，游客关注最多的是南锣鼓巷售卖的美食，有 20 张图片是单独拍摄美食的，其中有烤蝎子、蝉蛹、沙虫等独特小吃，还有北京烤鸭和老北京酸奶等北京特色美食，这与南锣鼓巷商业化程度高有关。旅游者关注当地的一些小动物，其中拍摄猫的照片有 6 张、小狗的照片有 3 张。在南锣鼓巷的照片中我们还能看到一些具有中国特色的商品，如布制面具、茶、唐装等。其他的关注点还有 20 世纪新年画风格的复古海报（图 5.1）和涂鸦（图 5.2）等文字景观。旅游吸引物中值得关注的节点是历史建筑，南锣鼓巷有众多名人故居，如僧王府、勒云鹏旧宅、齐白石故居、茅盾故居、凤山府邸、荣禄故居等，然而在对图片进行分析时发现只有两张名人故居照片，一张是齐白石故居，另一张是茅盾故居，可能由于入境游客对我国历史不了解，没有兴趣去了解这些名人，因此游客对名人故居的关注较少。

图 5.1　复古海报

图 5.2 蘑菇涂鸦

其次，游客拍摄了大量街景照片（45 张），主体内容是街巷建筑以及富有历史感的树木和建筑共同形成的独特的视觉空间。其中绝大部分是在白天拍摄的（27 张），少量是在夜晚（12 张）和黄昏（6 张）拍摄，能够体现游客在历史文化街区的游览时间。能明显看出季节的照片大部分是在春夏季拍摄的，秋冬季的很少。街景的色彩以灰色为主，也有红色、绿色和土黄色，灰色的主要是墙壁，红色的是大门、招牌和商品，绿色的是植被。街景的主体是各类商业店铺（图 5.3）。

图 5.3 南锣鼓巷街景

此外，游客照片中有 15 张与交通工具有关，包括自行车、三轮车、汽车、黄包车和公交车。由此可以看出南锣鼓巷的交通还是非常便利的。

最后，本书从南锣鼓巷照片中选取了 30 张用于地方氛围分析，其中有 7 张表现出拥挤的感觉，有 6 张表现出繁忙的氛围。

5.3.2 东四三条至八条街区

东四三条至八条街区是典型的以传统四合院为主的居住型街区，保留了元代寅宾坊的胡同肌理和大量具有典型平面的四合院落，从“一进”到“多重”，“一路”到“多跨路”均有保存，风貌与质量完好。该街区几乎没有进行旅游开发，因此游客数量很少，但由于居住功能的完好保留，北京胡同独有的市井民风得以传承。从表 5.4 的编码可以看出，游客关注的场景中餐饮饮品较多，并且饮食主要是较为常见的拉面、汉堡等。游客关注的建筑包括传统四合院和石狮子等。游客对居民的休闲活动也较有兴趣，主要包括下象棋、聊天、喝茶等，对旅游演艺等文化活动的兴趣较少。

表 5.4 东四三条至八条图像表征分类

<table>
<tr><th>一级节点</th><th>二级节点</th><th>三级节点</th><th>四级节点</th><th>频数</th></tr>
<tr><td rowspan="7">旅游吸引物</td><td rowspan="2">自然物</td><td>动物</td><td>小猫、仓鼠</td><td>4</td></tr>
<tr><td>植物</td><td>花朵</td><td>1</td></tr>
<tr><td>商品</td><td>—</td><td>人物画像、景泰蓝</td><td>2</td></tr>
<tr><td>美食饮品</td><td>—</td><td>虾米、拉面、酒水、汉堡薯条、北京烤鸭</td><td>5</td></tr>
<tr><td rowspan="2">建筑</td><td>传统建筑</td><td>四合院</td><td>1</td></tr>
<tr><td>建筑装饰</td><td>石狮子</td><td>1</td></tr>
<tr><td>日常活动</td><td>—</td><td>—</td><td>下象棋、京剧、话剧</td><td>3</td></tr>
<tr><td rowspan="3">人物</td><td>客源地</td><td rowspan="3">—</td><td>国内、国外</td><td>12</td></tr>
<tr><td>身份</td><td>游客、当地居民</td><td>9</td></tr>
<tr><td>其他</td><td>小孩</td><td>2</td></tr>
</table>

续表

一级节点	二级节点	三级节点	四级节点	频数
街景	商业业态	餐饮店	重庆小吃店、饺子馆、成和玉食品店	4
		其他	移动通信店、鞋店	2
	拍摄时间	—	白天、夜晚、黄昏	16
	拍摄季节	—	春夏季、秋冬季	4
	主要色彩	—	黄色、绿色、灰色	12
	交通工具	—	自行车、三轮车	2
地方氛围	正面的	—	整洁、悠闲	5
	负面的	—	拥挤、老旧	10

从街景照片（图 5.4）来看，东四三条至八条街区的商业业态比南锣鼓巷的商业业态要少得多，只有一些作为居民基本生活配套设施的小店，如饺子餐馆、超市，没有文创用品店和旅游纪念品商店。街景的颜色与南锣鼓巷相似，也以灰色的民居建筑为主。然而南锣鼓巷的颜色比东四三条至八条街区更丰富，如有红色的大门、红色的灯笼等，而东四三条至八条街区则没有，这可能与南锣鼓巷店铺需要吸引旅游者光顾，店铺外观经过精心设计有关。此外，南锣鼓巷的交通工具也比东四三条至八条街区更多样化，东四三条至八条街区只有 2 张照片关注交通工具，分别是自行车和三轮车。

由于东四三条至八条街区游客拍摄的照片数量很少，本章选取了 15 张照片用于分析东四三条至八条街区的地方氛围。总体来说，东四三条至八条街区给人的感觉就是真实的、能够居住的老北京胡同。其中有 6 张照片表现出陈旧、真实的市井气息和烟火气，有 6 张照片给人以街道狭窄、道路拥堵的感觉。

图 5.4　东四三条至八条街景

5.3.3　国子监街区

国子监街也叫“成贤街”，是一个很有文教特色的街区。该街区因孔庙、国子监和雍和宫而出名。国子监与孔庙根据“左庙右学”毗邻而建，国子监始建于元代，是元、明、清三代最高学府，孔庙规模宏伟，先师门内两侧有数排高大石碑，是闻名遐迩的元、明、清三代进士题名牌。除此之外，国子监街区还有许多文物古迹和各种各样的牌楼。国子监的具体编码情况见表 5.5。

表 5.5　国子监图像表征分类

一级节点	二级节点	三级节点	四级节点	频数
旅游吸引物	自然物	动物	鹦鹉、小猫、兔子	9
		植物	柏树	2
	文字景观	宣传标语	请骑自行车、禁止刻画	3
		涂鸦	—	3
	商品	—	千手观音	1
	美食饮品	—	小笼包、肉夹馍、苹果、啤酒、牛肉豆腐饭、辣椒炒肉饭、宫保鸡丁	9

续表

一级节点	二级节点	三级节点	四级节点	频数
旅游吸引物	建筑	建筑装饰	石钟、昭泰门牌匾、香炉、石碑、日晷、人头狮身像、下马碑、麒麟石像、屋檐上的仙人兽首、孔子像、佛像、窗花	26
		传统建筑	钟鼓楼、圆桥教泽牌楼、雍和殿、群生人寿牌楼、辟殿、寰海尊亲牌楼、庙宇、国子监牌楼、福衍金沙牌楼、法轮殿、大成殿、慈隆宝叶牌楼、成贤街牌楼	22
日常活动	演艺活动	—	武打表演、小学生祭拜孔子仪式	3
	休闲活动	—	下象棋、聊天	2
	工作活动	—	修车	1
	其他活动	—	烧香拜佛、念经	9
人物	客源地	—	中国人、外国人	30
	身份	—	游客、当地居民、僧人	30
	其他	—	小孩	2
街景	商业业态	咖啡店	颐园咖啡店	1
		餐饮店	天津风味烧饼	1
		其他	修车铺、理发店、纪念品店	3
	拍摄时间	—	白天、夜晚	24
	拍摄季节	—	春夏季、秋冬季	22
	主要色彩	—	绿色、灰色、红色	39
公共设施	基础设施	—	卡拉 OK 店、电话亭、餐馆、公共卫生间	4
	交通工具	—	自行车、三轮车、出租车	4
地方氛围	正面的	—	整洁的、幽静的、庄严的、古色古香的	21
	负面的	—	拥挤的、老旧的	4

通过表 5.5 我们可以明显发现，游客在国子监街区的关注点与在南锣鼓巷和东四三条至八条街区的关注点不同。游客在国子监街区的关注点更多地放在红墙黄瓦、规模宏伟的古建筑上。国子监街是北京仅存的保留 4 座牌楼的古建街，游客照片中有 48 张（32%）有关古建筑的照片，拍

摄地点主要在国子监和孔庙，拍摄的主要内容包括孔子像、各式各样的佛像、牌楼、下马碑等，充分体现出国子监街区的文教特色和地方性特征。

在旅游吸引物方面，游客拍摄的自然物与另外两个街区有较大差异，其中最突出的是孔庙柏树的照片。孔庙是用来祭祀中国伟大思想家、教育家孔子的地方，孔子崇尚松柏，他曾说“岁不寒，无以知松柏；事不难，无以知君子”，因此孔庙的院内古柏林立，形成了一种静谧肃穆、高古森严的氛围。在文字景观方面，游客拍摄有“禁止刻画”等文明标语。在旅游商品方面，游客关注较少，关注点主要体现在美食和饮品上。

在日常活动方面，游客拍摄的照片也体现出国子监街区的文脉传承，例如小学生祭拜孔子的仪式、武打表演等，但游客关注最多的还是烧香拜佛的场景。在人物方面，游客多关注僧人这一群体，这可能与国子监街区与雍和宫相邻有关。

最后，从街景来看，国子监街区商业开发程度一般，无法与南锣鼓巷的商业开发程度相比。街景中基本上是如图 5.5 所示的以红墙、金瓦和绿色彩画为主的建筑，背景是绿意盎然的大树。在公共设施方面，国子监街区的公共设施较为齐全。在交通方面，游客关注较少，与其他两个街区并无显著差别。

图 5.5　国子监街区街景

5.4　结论

本书选取了南锣鼓巷街区、东四三条至八条街区和国子监街区 3 个各具特色的街区进行研究，以 Flickr 网站上游客拍摄的照片为研究数据，构建基于游客照片的旅游目的地意象模型，通过 Nvivo 软件开展质性分析，构建了 3 个街区的游客意象，对 3 个街区的游客意象进行对比、归纳、总结（图 5.6～图 5.8），可以得出以下结论：

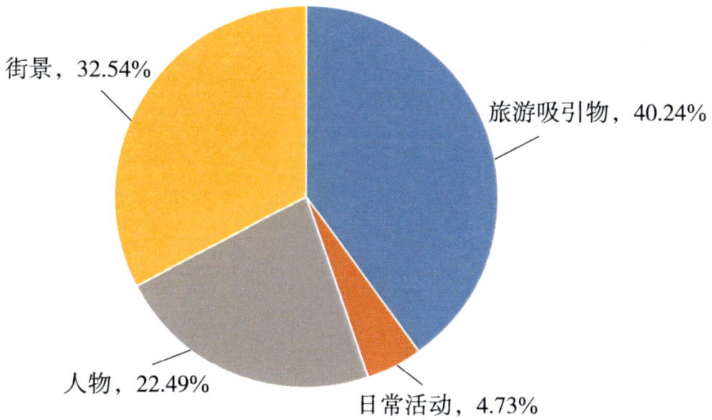

图 5.6　南锣鼓巷游客关注点

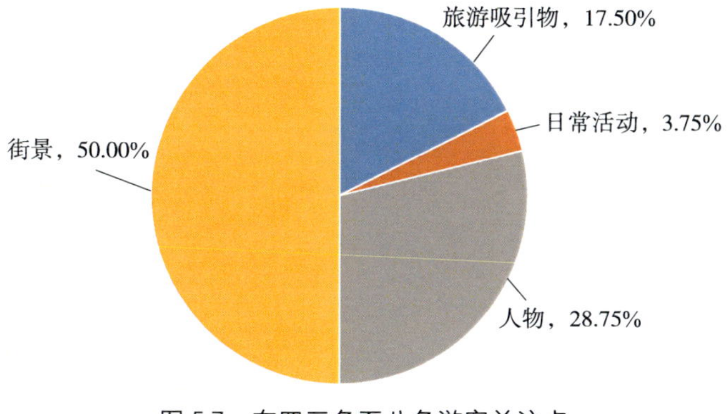

图 5.7　东四三条至八条游客关注点

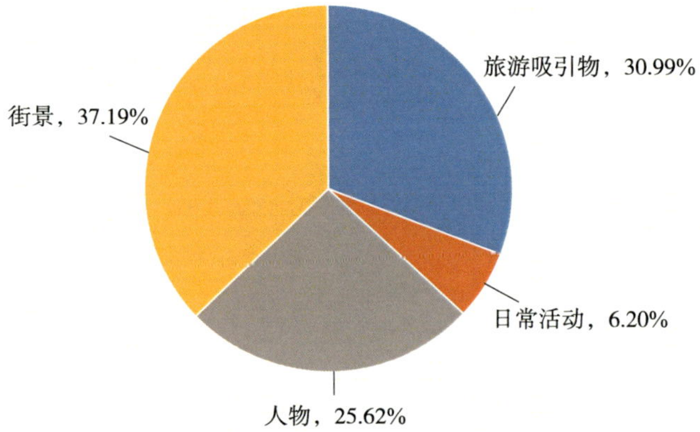

图 5.8　国子监游客关注点

（1）游客对 3 个街区的认知意象存在差异。南锣鼓巷街区的游客意象中旅游吸引物和街景所占比例最大，考虑到南锣鼓巷是旅游休闲街区，街道两侧的商业店铺对游客充满吸引力，店铺中售卖的文创产品和旅游纪念品也十分吸引游客的目光。东四三条至八条街区的游客意象中街景和人物所占比例最大，这主要是因为该街区的居住功能保存完好，建筑环境具有人气和生活气息，能够感受到老北京人的真实生活，因此游客眼中的该街区主要是夏季绿树掩映下的灰墙灰瓦和胡同居民的市井生活。国子监街区的游客意象中旅游吸引物和日常生活所占比例最大，街区内集中了国子监、孔庙、牌楼、下马石等大量历史文化遗产，毗邻藏传佛教的重要寺庙——雍和宫，这些古建筑构成了游客拍摄的主要内容。然而，与南锣鼓巷不同的是，国子监、孔庙经常举办的祭祀活动，以及附近雍和宫的祭拜活动，体现出街区的文化内涵，也是游客“凝视”的主要内容。

（2）在游客的认知意象方面，游客拍摄的照片充分体现出各街区的特色。南锣鼓巷街区的照片充分体现出发达的商业业态，东四三条至八条街区的照片体现了市井生活，而国子监街区则展现出宏伟壮丽的古建筑群和古朴庄重的环境。

（3）在隐性特征方面，南锣鼓巷的地方氛围感是繁华的、拥挤的、忙碌的，东四三条至八条街区则是质朴的、陈旧的、原真的，而国子监街区则主要是古色古香、庄严肃穆、充满文化气息的。

（4）南锣鼓巷街区作为唯一完整保存着元代胡同院落肌理，规模大、资源丰富的棋盘式传统民居区，如僧格林沁、齐白石等，但这些名人故居并没有体现在游客的照片上，说明游客对街区的历史文化认知有限。因此，应在历史文化街区打造历史文化精华展示区，在旅游开发中加强对街区历史文化的宣传。

6

北京市
历史文化街区
游客意象的影响因素

6.1 研究内容

本书内容以南锣鼓巷历史文化街区为例，在文献调研、现场调查和网络游记分析的基础上，作出南锣鼓巷街区游客意象影响因素的假设，对国内游客和入境游客分别开展问卷调查，对回收的问卷运用 SPSS 软件进行统计分析，构建国内游客和入境游客对南锣鼓巷街区的意象，与第 4 章、第 5 章基于大数据的南锣鼓巷街区游客意象进行交互验证，最后分析了影响游客意象的历史文化街区客体因素，为提出历史文化街区形象提升和旅游利用对策建议提供参考依据。

6.2 研究方法

6.2.1 基于英文网络游记的文本分析

为了保证问卷设计的合理性，本书首先对游客发表在知名网络游记网站 TripAdvisor 中的英文游记进行了探索性分析。根据北京市文化和旅游局的统计数据，美国连续多年是北京最大的入境客源国，美国、加拿大、英国、澳大利亚和新西兰是北京的主要客源国，以英语为官方语言的国家游客占入境游客的 40% 以上，此外英语也是世界上最广泛的第二语言，因此选择 TripAdvisor 中的英文游记进行分析可以大致反映出入境游客对北京市的旅游意象。本书以“南锣鼓巷”为关键词，检索出自 2007 年 2 月 15 日至 2018 年 4 月 13 日发表的共计 1 220 条网络游记，选取其中英文文本评论 416 条作为研究样本。首先，对样本进行预处理，包括删除游客评论中的图片，不重复提取高频特征词，对相似文本进行了同义替换等，将处理后的网络游记保存为文本文档。然后，运用 ROST CM6 文本分析软件对文本文档进行词频分析。对 416 篇网络游记提取高频词汇，部分高频特征词如表 6.1 所示。

表 6.1 词频分析结果

排名	高频特征词	频数	排名	高频特征词	频数
1	hutong	438	11	Chinese	92
2	street	369	12	small	92
3	shops	269	13	rickshaws	90
4	food	154	14	little	88
5	great	137	15	bars	80
6	nice	124	16	crowded	74
7	people	122	17	worth	60
8	interesting	116	18	traditional	59
9	good	109	19	narrow	41
10	restaurants	106	20	unique	40

注：由于篇幅限制，一共筛选了 457 个高频词，只列出了其中排名前 20 的高频特征词以作分析。

分析得到入境游客对南锣鼓巷的大体意象如下：

（1）南锣鼓巷街区的认知形象

从表 6.1 中可以清晰地看出，“胡同”（hutong，street）以及“商铺”（shops）是评论中出现频率最高的两个词，说明南锣鼓巷胡同院落肌理和商业业态是大部分入境游客对于南锣鼓巷的最主要的意象载体。随着街区旅游开发和商业化的发展，南锣鼓巷也成了新兴的城市旅游休闲街区，为了满足游客的需求，南锣鼓巷的休闲、餐饮、文创产品、体验项目逐渐涌现，因此，“黄包车”（rickshaw）、“餐厅”（food，restaurant）、“酒吧”（bar）成为游客评论的高频特征词。

（2）南锣鼓巷街区的情感形象

表 6.1 中属于积极意义的词有“令人愉快的”（nice）、“很棒的”

（great）、“好的”（good）、“有趣的”（interesting）、“传统的”（traditional）、“独特的”（unique）及“值得的”（worth）等，在词频排名前20的高频词中正面情绪的词语共出现了585次；属于消极意义的词语有“小的”（small）、“狭窄的”（narrow）、“拥挤的”（crowded）等，共出现了295次。

通过分析英文游记样本中的高频词，可得出以下结论：

首先，随着商业化进程加剧，南锣鼓巷已经从一个传统的民居区蜕变为一个集文化传承、创意产业、风情旅游、休闲餐饮等于一体的休闲商业区，胡同的骨架、街市的兴盛、文创小店、餐厅、酒吧以及黄包车的体验都给入境游客留下了深刻印象，而胡同里各种形制的府邸和宅院给游客的印象不深。

其次，入境游客对于南锣鼓巷情感形象存在差异。积极情感主要体现在对南锣鼓巷商业化开发认同，能在老北京文化浸润的环境中获得现代休闲体验。消极情感则是对南锣鼓巷街区内交通状况和人流拥挤的不满，“狭窄的”街道是胡同街区自身的特性，无法改变，但可以通过改进胡同内的交通组织和控制客流量来改善游客体验。

综上所述，南锣鼓巷的旅游吸引物、交通状况及客流可能是游客意象的影响因素，应在问卷设计时予以考虑。

6.2.2 问卷设计

通过参考旅游目的地意象研究的相关文献和TripAdvisor网络游记的文本分析结果，本章认为影响历史文化街区游客意象的因素可归纳为认知因素、行为因素、情感因素，以及三者构成的整体因素。考虑到南锣鼓巷街区的传统街坊格局、民居建筑、名人故居、商店、餐饮、旅游商品等旅游资源，本章分别从认知意象、行为意象、情感意象以及整体意象4个维度中提取了17个指标，以期了解街区的旅游吸引物、游客的旅游动机、游客满意度以及对南锣鼓巷旅游开发的意见和看法等。

本章采用李克特量表调查问卷，分别针对国内游客和入境游客设计问卷，问卷内容分为 3 部分：第一部分是国内游客对南锣鼓巷历史文化街区的意象感知，包括南锣鼓巷街区的旅游吸引物认知、名人故居认知、旅游商品兴趣度、对当地居民的感受、街区停留时长、街区服务质量评价、对街区整体环境氛围的评价与印象等；第二部分是游客行为信息，包括旅游消费金额、前来旅游的次数、旅游的主要目的、旅游方式、到达街区的交通选择、是否愿意向他人推荐南锣鼓巷街区作为旅游目的地等；第三部分是人口社会经济属性，包括受访者性别、年龄、学历、职业等。

6.2.3 问卷调查

本章的问卷调查采取实地发放问卷与网上发放问卷相结合的方式。网上问卷调查工具为问卷星，发放时间为 2018 年 4 月 11 日至 15 日，向国内游客回收问卷 104 份，向入境游客回收问卷 42 份。问卷实地发放地点为南锣鼓巷历史文化街区，时间为 2018 年 4 月 24 日和 28 日两天，向国内游客共发放纸质版问卷 105 份，收回问卷 100 份，回收率约为 95.23%；向入境游客共发放问卷 91 份，收回问卷 90 份，回收率约为 98.9%。最终，获得国内游客有效问卷 204 份，入境游客有效问卷 132 份。

6.3 历史文化街区游客意象的影响因素

6.3.1 国内游客对南锣鼓巷意象感知的影响因素分析

（1）国内游客基本特征

在针对国内游客回收的共计 204 份问卷中，男女受访者的占比分别为

55.88% 和 44.12%，其中受访者的年龄主要集中在 18～25 岁、25～35 岁、35～55 岁，占比分别为 42.36%、36.76% 和 16.18%，35 岁以下的年轻游客占游客总人数的 79.12%，是旅游的主力，55 岁及以上的受访者较少。受访者的学历分布较广，其中主要学历是大专和本科，占比分别为 28.43% 和 50.00%，硕士及以上学历者较少。可见，南锣鼓巷的旅游者以受过高等教育的游客为主。受访者职业、家庭人均月收入情况详见表 6.2。

表 6.2　受访者人口统计学特征

特征	特征值	百分比 /%	特征	特征值	百分比 /%
性别	男	55.88	职业	个体	11.27
	女	44.12		学生	29.90
年龄	18 岁及以下	3.23		服务业（包括艺术工作者）	8.82
	18～25 岁	42.36		教师	7.35
	25～35 岁	36.76		公司职员	26.47
	35～55 岁	16.18		退休人员	0.49
	55 岁及以上	1.47		政府机构人员	3.43
学历	高中及以下	11.76		自由职业者	9.80
	大专	28.43		其他	2.45
	本科	50.00	家庭月收入	2 000 元及以下	10.78
	硕士	7.84		2 001～5 000 元	35.29
	博士及以上	1.96		5 001～10 000 元	42.16
—	—	—		10 001～15 000 元	8.33
—	—	—		15 000 元以上	3.43

（2）国内游客意象影响因素的因子分析

本部分对历史文化街区游客意象影响因素进行因子分析，目的在于将问卷中 Q7、Q8 的 17 个实测变量转换为少数几个具有代表性的共性因子，减少变量的数目，从而减少问题分析的复杂性。调查问卷中 Q7、Q8 问题如下：

Q7　下面的问题是关于您对南锣鼓巷历史文化街区的评价：

评价内容	非常赞同	赞同	一般	不赞同	非常不赞同
7.1　街区有特色的民居建筑主要是灰墙黛瓦的四合院					
7.2　街区有丰富的历史文化遗存，比如元代四合院、名人故居等					
7.3　街区有淳朴的北京四合院特色民宿					
7.4　街区游憩活动种类丰富					
7.5　旅游商品是具有当地特色的					
7.6　我了解南锣鼓巷的名称由来					
7.7　我认为南锣鼓巷历史文化街区风貌应该受到高度保护					
7.8　这里的每一条胡同都有丰厚的文化积淀，每一个宅院里都诉说着老故事					

Q8　下面的问题是关于您在南锣鼓巷历史文化街区游览的感受：

评价内容	非常赞同	赞同	一般	不赞同	非常不赞同
8.1　旅游纪念品、特色小吃等商品价格合理、品质好					
8.2　我来这里旅游的重点是体验北京四合院形式的民宿					
8.3　文宇奶酪、老北京布鞋、卤煮、豆汁儿等特产体现了老北京人的传统生活习俗					
8.4　传统建筑四合院、府邸等都体现着元代至清朝的达官贵人的生活					

评价内容	非常赞同	赞同	一般	不赞同	非常不赞同
8.5 当地居民的市井生活让我体验到了丰富多彩的民俗文化					
8.6 将南锣鼓巷街区进行商业开发以供游客游览是相当值得的					
8.7 来南锣鼓巷旅游能感受到自己犹如身处在元代，街区的现代开发仍保留了历史特色					
8.8 街区开发时融入了现代的酒吧、咖啡厅等元素非常合理					
8.9 南锣鼓巷四合院民宿的开发能使游客亲身体验到老北京达官贵人的居住感受					

通过 SPSS 软件进行因子分析，输出结果见表 6.3。

表 6.3 Q7、Q8 的 KMO 和 Bartlett 的检验表

取样足够度的 Kaiser-Meyer-Olkin 度量		0.915
Bartlett 的球形度检验	近似卡方	1 214.808
	df	136
	Sig.	0.000

如表 6.3 所示，KMO 值为 0.915，KMO 的取值为 0～1。0.9 以上表示非常适合因子分析，0.8 表示合适，0.7 表示一般，0.6 表示不太合适，0.5 以下表示不合适。因此，由表 6.3 可知，Q7、Q8 的 17 个变量相关性很强，适合做因子分析。表 6.4 给出了因子对原始变量总方差的解释能力，一般提取特征值大于 1 的因子，因此前 3 个因子被提取，这 3 个因子解释了总方差的 53%。同时，根据图 6.1，因子分析中一般保留斜坡部分的“碎石子”成分，丢弃较为平缓的“碎石子”成分，陡坡中的“碎石子”成分有

3个，但是一般情况下我们选择因素数量较少的值作为正式提取的因子数量。因此，提取3个因子是合适的。

表 6.4 解释的总方差（1）

成分	初始特征值			提取平方和载入			旋转平方和载入		
	合计	方差的百分比 /%	累积百分比 /%	合计	方差的百分比 /%	累积百分比 /%	合计	方差的百分比 /%	累积百分比 /%
1	6.358	37.398	37.398	6.358	37.398	37.398	4.838	28.461	28.461
2	1.491	8.773	46.172	1.491	8.773	46.172	2.458	14.456	42.917
3	1.089	6.405	52.577	1.089	6.405	52.577	1.642	9.660	52.577
4	0.989	5.815	58.392	—	—	—	—	—	—
5	0.898	5.283	63.676	—	—	—	—	—	—
6	0.755	4.444	68.120	—	—	—	—	—	—
7	0.723	4.252	72.372	—	—	—	—	—	—
8	0.654	3.849	76.221	—	—	—	—	—	—
9	0.580	3.411	79.632	—	—	—	—	—	—
10	0.522	3.069	82.701	—	—	—	—	—	—
11	0.508	2.987	85.688	—	—	—	—	—	—
12	0.486	2.859	88.547	—	—	—	—	—	—
13	0.465	2.734	91.281	—	—	—	—	—	—
14	0.438	2.579	93.860	—	—	—	—	—	—
15	0.396	2.330	96.189	—	—	—	—	—	—
16	0.340	2.000	98.189	—	—	—	—	—	—
17	0.308	1.811	100.000	—	—	—	—	—	—

表6.5列出了旋转的成分矩阵，采取的是正交旋转方法中的方差最大法，表中因子系数绝对值都大于0.4，因此不用剔除，可直接将表中提取的因素归类命名。

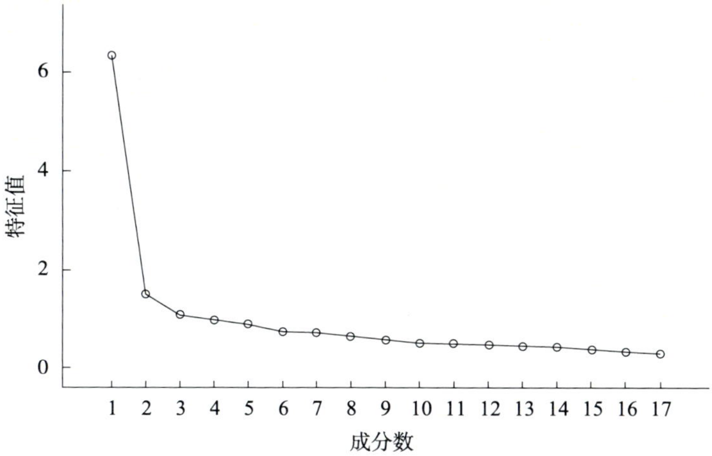

图 6.1 因子分析碎石图

表 6.5 旋转成分矩阵

南锣鼓巷游客意象题项	主成分		
	1	2	3
8.7 来南锣鼓巷旅游能感受到自己犹如身处在元代，街区的现代开发仍保留了历史特色	0.765		
8.9 南锣鼓巷四合院民宿的开发能使游客亲身体验到老北京达官贵人的居住感受	0.710		
8.8 街区开发时融入了现代的酒吧、咖啡厅等元素非常合理	0.696		
8.3 文宇奶酪、老北京布鞋、卤煮、豆汁儿等特产体现了老北京人的传统生活习俗	0.675		
7.5 旅游商品是具有当地特色的	0.662		
8.4 传统建筑四合院、府邸等都体现着元代至清朝的达官贵人的生活	0.649		
8.5 当地居民的市井生活让我体验到了丰富多彩的民俗文化	0.637		
8.1 旅游纪念品、特色小吃等商品价格合理、品质好	0.590		
8.2 我来这里旅游的重点是体验北京四合院形式的民宿	0.531		
7.3 街区有淳朴的北京四合院特色民宿	0.526		

续表

南锣鼓巷游客意象题项	主成分		
	1	2	3
8.6 将南锣鼓巷街区进行商业开发以供游客游览是相当值得的	0.417		
7.7 我认为南锣鼓巷历史文化街区风貌应该受到高度保护		0.758	
7.8 这里的每一条胡同都有丰厚的文化积淀，每一个宅院里都诉说着老故事		0.614	
7.2 街区有丰富的历史文化遗存，比如元代四合院、名人故居等		0.600	
7.1 街区有特色的民居建筑主要是灰墙黛瓦的四合院		0.503	
7.6 我了解南锣鼓巷的名称由来			0.854
7.4 街区游憩活动种类丰富			0.531

如表 6.5 所示，3 个因子反映了国内游客对南锣鼓巷街区意象的影响因素的主载荷变量，分别命名如下：

表 6.6 因子及其对应变量

成分	具体成分	因素
旅游体验意象	原真性体验	8.7 来南锣鼓巷旅游能感受到自己犹如身处在元代，街区的现代开发仍保留了历史特色
		8.9 南锣鼓巷四合院民宿的开发能使游客亲身体验到老北京达官贵人的居住感受
		8.3 文宇奶酪、老北京布鞋、卤煮、豆汁儿等特产体现了老北京人的传统生活习俗
		8.4 传统建筑四合院、府邸等都体现着元代至清朝的达官贵人的生活
		8.5 当地居民的市井生活让我体验到了丰富多彩的民俗文化
		8.2 我来这里旅游的重点是体验北京四合院形式的民宿
		7.3 街区有淳朴的北京四合院特色民宿
	现代休闲体验	8.8 街区开发时融入了现代的酒吧、咖啡厅等元素非常合理
		7.5 旅游商品是具有当地特色的
		8.1 旅游纪念品、特色小吃等商品价格合理、品质好

续表

成分	具体成分	因素
历史文化意象	历史文化	7.7 我认为南锣鼓巷历史文化街区风貌应该受到高度保护
		7.8 这里的每一条胡同都有丰厚的文化积淀，每一个宅院里都诉说着老故事
		7.2 街区有丰富的历史文化遗存，比如元代四合院、名人故居等
		7.1 街区有特色的民居建筑主要是灰墙黛瓦的四合院
认知意象	认知意象	7.6 我了解南锣鼓巷的名称由来
		7.4 街区游憩活动种类丰富

①旅游体验意象：最重要的变量解释了总方差的 54.27%，主要包含 10 个变量的信息，即 7 个原真性体验变量（8.7、8.9、8.3、8.4、8.5、8.2、7.3），3 个现代休闲体验变量（8.8、7.5、8.1）。

②历史文化意象：最重要的变量解释了总方差的 8.77%，包含 4 个变量（7.7、7.8、7.2、7.1）。

③认知意象：最重要的变量解释了总方差的 6.41%，主要包含 2 个变量（7.6、7.4）。

因此，国内游客对南锣鼓巷历史文化街区的意象主要由对街区历史文化的感知意象（包括对胡同风貌、民居建筑、街区色彩、文化内涵）和具身体验意象（包括逛街体验、民宿居住体验、休闲商业体验、特色小吃体验、旅游商品体验）构成。

（3）国内游客消费分析

在设计问卷时，设计了国内游客的家庭月收入区间选题，也设计了国内游客在南锣鼓巷的消费区间选题，据此可分析国内游客的收入与在南锣鼓巷街区的消费金额之间的关系。本章运用 SPSS 软件中的 Pearson 相关系数来评价游客在南锣鼓巷街区的消费金额与国内游客家庭收入之间的相关性（表 6.7），由于 Sig.=0.243＞0.01，表明由于 0.01 水平下线性关系不显著，因此可得出结论：“国内游客在南锣鼓巷的消费金额”与“家庭月收入”在 0.01 水平下线性关系不显著。

表 6.7　Q10 与 Q21 的相关性

		21. 您的家庭月收入为______	10. 您此次（最近一次）在南锣鼓巷旅游消费金额是______
21. 您的家庭月收入为______	Pearson 相关性	1	0.082
	显著性（双侧）	—	0.243
	N	204	204
10. 您此次（最近一次）在南锣鼓巷旅游消费金额是______	Pearson 相关性	0.082	1
	显著性（双侧）	0.243	—
	N	0.204	204

国内游客在南锣鼓巷街区的消费金额方面（图 6.2），48.53% 的国内游客消费金额在 200～500 元，消费金额在 200 元以下的游客占 27.45%，由此可知，绝大部分的国内游客（占比 75.98%）在南锣鼓巷的消费在 500 元以内。

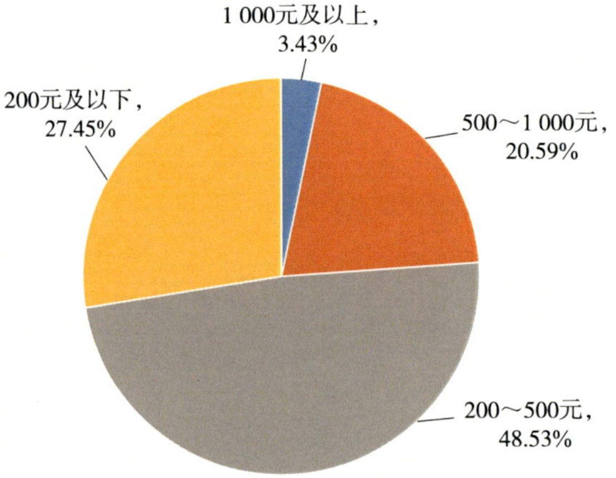

图 6.2　国内游客消费区间占比

（4）描述性统计分析

在问卷设计中，第一部分是国内游客对南锣鼓巷历史文化街区的意象感知，除了Q7和Q8两个量表题外，还包括南锣鼓巷历史文化街区最吸引国内游客的内容、游客对名人故居的了解程度等；第二部分是旅游行为信息，包括旅游消费、到访次数、旅游目的、旅游方式等内容。在此将运用频率分析法，分析非量表题中国内游客选项。

Q1　您觉得南锣鼓巷历史文化街区对您最有吸引力的是？

在表6.8中，选择“街区历史风貌”选项的国内游客为41.2%，“特色商铺、小吃”的为28.9%，剩下的“传统手工艺品”“民俗风情”“房屋建筑”总共占29.9%，这表明南锣鼓巷历史文化街区的历史风貌和特色商铺、小吃是吸引国内游客的关键内容。

表6.8　南锣鼓巷历史文化街区对游客吸引物百分比

选项	频率	百分比	有效百分比	累积百分比
街区历史风貌	84	41.2	41.2	41.2
传统手工艺品	30	14.7	14.7	55.9
特色商铺、小吃	59	28.9	28.9	84.8
民俗风情	11	5.4	5.4	90.2
房屋建筑	20	9.8	9.8	100.0
合计	204	100.0	100.0	—

Q3　您认为当地居民对国内游客的欢迎度怎么样？

如图6.3所示，56.37%的国内游客认为北京当地居民对国内游客的态度是“欢迎”的。而在实地访谈中，本书课题组曾与当地居民进行深入访谈，通过访谈发现，部分居民并不欢迎国内游客，因为南锣鼓巷近年来国内游客量较大，部分国内游客为参观北京传统民俗四合院，曾多次未经允许进入当地居民家中，此外，南锣鼓巷的旅游开发也使得当地居民的交通出行、财产安全受到影响。

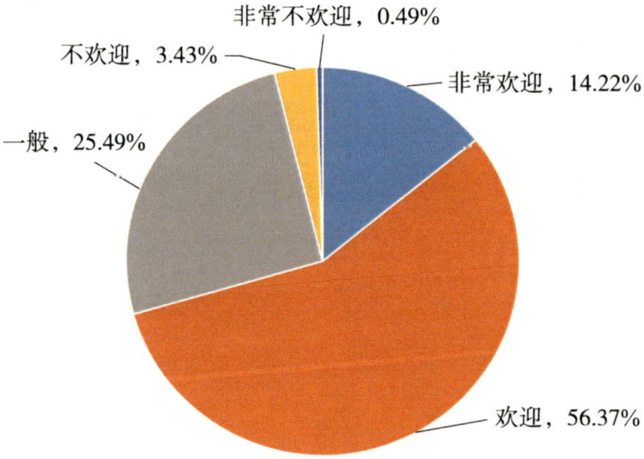

图 6.3　游客认为北京本地居民对游客的态度

Q5　下列有关南锣鼓巷旅游环境的影响因素，您最期望改善的是？

如图 6.4 所示，在游客期望改善的旅游环境因素中，国内游客选择最多的是交通状况、餐饮设施，这表明南锣鼓巷的餐饮设施、交通状况不能满足国内游客的需求。

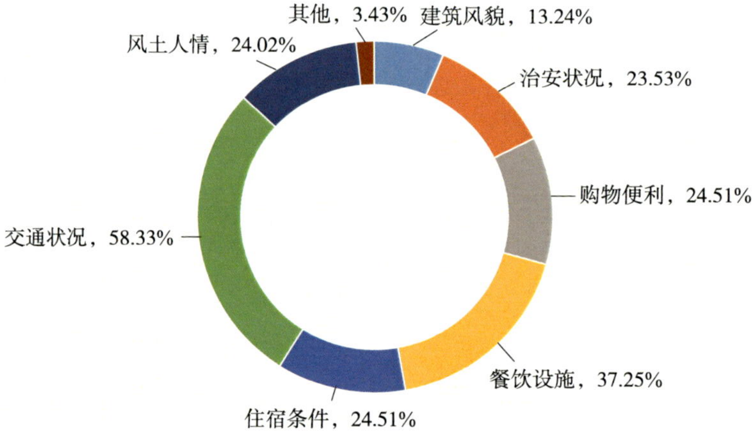

图 6.4　游客期望改善的旅游环境因素

Q6　您此次（最近一次）在南锣鼓巷游览停留了多少时间？

如图 6.5 所示，61.27% 的国内游客在南锣鼓巷停驻时间为 1～3 小时，31.37% 的国内游客停驻时间为 3～6 小时。总体而言，国内游客在南锣鼓巷停留时间普遍在 3 小时以内，在此留宿的则更少。推测原因为大部分游客沿着南锣鼓巷街区主街游览，较少深入东西向的胡同及隐藏在胡同中的名人故居与名胜古迹中。

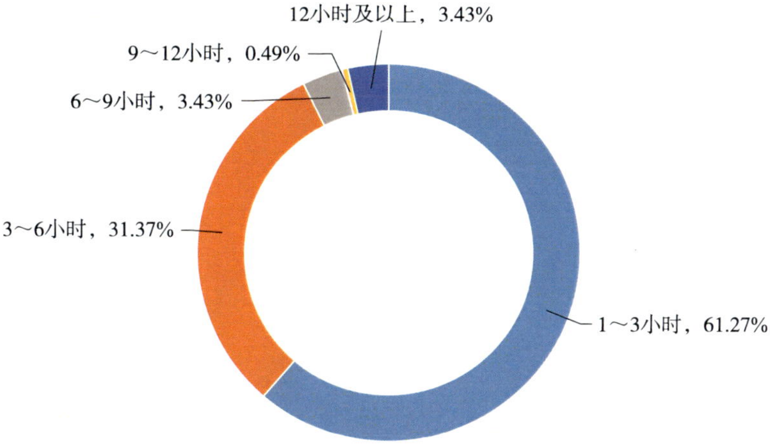

图 6.5　游客在南锣鼓巷街区停留时间

Q7、Q8　对南锣鼓巷历史文化街区的意象评价：

设“非常赞同”为 5 分，“赞同”为 4 分，“一般”为 3 分，“不赞同”为 2 分，“非常不赞同”为 1 分。如表 6.9 所示，题项 Q7.1、Q7.2、Q7.3、Q7.7、Q7.8 分值均大于 4.0，则表示国内游客对于这几个题项的评价都为赞同及以上，也就是国内游客对这些方面的意象高于其他方面。其中，Q7.6 得分为 3.01，表示大部分国内游客不知道南锣鼓巷名字的来历。

表 6.9　游客对南锣鼓巷街区意象评分

评价内容	得分
7.1　街区有特色的民居建筑风格主要是墙体灰白、黛瓦的四合院	4.32
7.2　街区有丰富的历史文化遗存，比如元代四合院、名人故居等	4.08
7.3　街区有淳朴的北京风味儿特色民宿	4.05
7.4　街区游憩活动种类丰富	3.60
7.5　旅游商品是具有当地特色的	3.77
7.6　我了解南锣鼓巷的名称由来	3.01
7.7　认为南锣鼓巷历史文化街区风貌应该受到高度保护	4.23
7.8　这里的每一条胡同都有丰厚的文化积淀，每一个宅院里都诉说着老故事	4.13

如表 6.10 所示，题项 Q8.2～Q8.9 得分都接近 4 分，表明国内游客对这几个题项的评价接近赞同。其中 Q8.1 得分为 3.35，表明国内游客对南锣鼓巷旅游商品、特色小吃的性价比评价一般。

表 6.10　游客对南锣鼓巷街区印象评价

印象评价	得分
8.1　旅游纪念品、特色小吃等商品价格合理、品质好	3.35
8.2　我来旅游的重点是体验北京民居四合院等	3.83
8.3　文宇奶酪、老北京布鞋、卤煮、豆汁儿等特产体现了老北京人的传统生活习俗	3.91
8.4　传统建筑四合院、府邸等都体现着元代至清朝的达官贵人的生活	3.99
8.5　当地居民的民俗让我体验到了丰富多彩的历史文化	3.89
8.6　将此地作为历史文化街区以供国内游客游览是相当值得的	3.92
8.7　来南锣鼓巷旅游能感受到自己犹如身处在元代，街区的现代开发仍保留了历史特色	3.78
8.8　街区开发时融入了现代的酒吧、咖啡厅等元素非常合理	3.73
8.9　南锣鼓巷四合院民宿的开发能使游客亲身体验到老北京达官贵人的居住感受	3.78

Q9 请您用几个词描述一下您对南锣鼓巷历史文化街区的印象：

如图 6.6 所示，有 42 名国内游客认为该街区富有老北京特色，35 名国内游客认为该街区商业化严重，35 名国内游客认为该街区文化底蕴浓厚，32 名国内游客认为该街区历史悠久，19 名国内游客认为该街区富有现代化气息。通过国内游客对南锣鼓巷印象的描述可以看出，国内游客对南锣鼓巷街区的情感有正有负，以正面为主：南锣鼓巷街区传统与现代并存，既富有历史文化传统和地方民俗文化特色，又有各种各样的特色小店与小吃，但是街区的商业化过于严重。

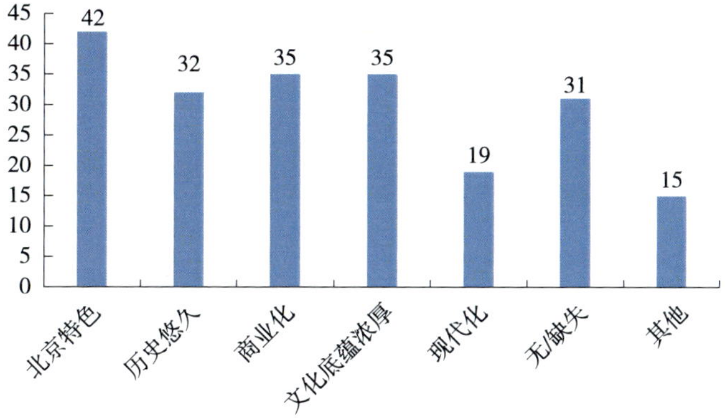

图 6.6 游客对南锣鼓巷街区的印象关键词

6.3.2 入境游客对南锣鼓巷意象感知的影响因素分析

（1）入境游客基本特征

被调查者的人口统计学特征如表 6.11 所示，有效样本统计分析结果显示：此次参加问卷调查的入境游客，男性占比 51.52%，女性占比 48.48%，性别比例均衡；游客年龄集中在 18～35 岁，占总样本量的 73.49%。游客职业以学生为主（34.09%），其次是公司职员（15.91%）。游客学历主要集中在本科（66.67%），其次是中学或职业学校（17.42%）。受访入境游客的月收入主要集中在 2 000～3 999 美元，占比 42.42%，其次是 4 000～5 999 美元，占比 20.45%，其中 2 000 美元以下（27.27%）的游客可能是没有收入的学生，8 000 美元或以上的游客仅有 3.79%。由此可以看出抽样的样本分布较为均匀，适合做进一步的数据分析。

表 6.11　被调查者的人口统计学特征

项目	选项	计数	占比 %	项目	选项	计数	占比 %
年龄	18 岁及以下	6	4.55	性别	男	68	51.52
	18～25 岁	59	44.7		女	64	48.48
	25～35 岁	38	28.79	家庭月收入	2 000 美元以下	36	27.27
	35～55 岁	23	17.42		2 000～3 999 美元	56	42.42
	55 岁以上	6	4.55		4 000～5 999 美元	27	20.45
学历	中学或职业学校	23	17.42		6 000～7 999 美元	4	3.03
	学士	88	66.67		8 000 美元或以上	5	3.79
	硕士或博士	13	9.85		其他	4	3.03
	其他	8	6.06	国家和地区	中国台湾	8	6.06
职业	政府工作人员	3	2.27		中国香港	7	5.30
	专业技术人员	17	12.88		美国	23	17.4
	职员	21	15.91		英国	13	9.84
	技工 / 工人	8	6.06		韩国	15	11.3
	商贸人员	10	7.58		朝鲜	5	3.79
	服务员 / 推销员	1	0.76		日本	8	6.06
	农业劳动者	1	0.76		法国	7	5.30
	军人 / 警察或其文员	2	1.52		加拿大	2	1.52
	学生	45	34.09		澳大利亚	3	2.27
	自由职业者	12	9.09		泰国	3	2.27
	家庭妇女	6	4.55		越南	2	1.52
	退休人员	4	3.03		意大利	2	1.52
	其他	2	1.52		巴基斯坦	2	1.52
—	—	—	—		其他	6	4.55

（2）可靠性分析

本章主要运用 SPSS 统计软件对入境游客调查问卷进行数据分析。首先验证调查问卷的可信度，克朗巴哈（Cronbach’s）α 系数越接近 1，信度越高。一般来说，在旅游调查实践中，α 系数只要达到 0.6，则认为信度可接受。本章通过对问卷整体 43 个测量指标进行分析，发现本问卷的 α 系数为 0.995，表明本问卷具有较高的信度。

（3）游客行为特征分析

①旅游吸引物

对于入境游客来说，南锣鼓巷最具吸引力的是街区的历史文化风貌（44.70%），其次为传统建筑（17.42%）、特色商铺（21.21%），传统手工艺品（15.91%）也较具吸引力（图 6.7）。由此可见，作为北京独特的胡同四合院风貌的代表，南锣鼓巷的历史文化街区形象吸引着众多入境游客。

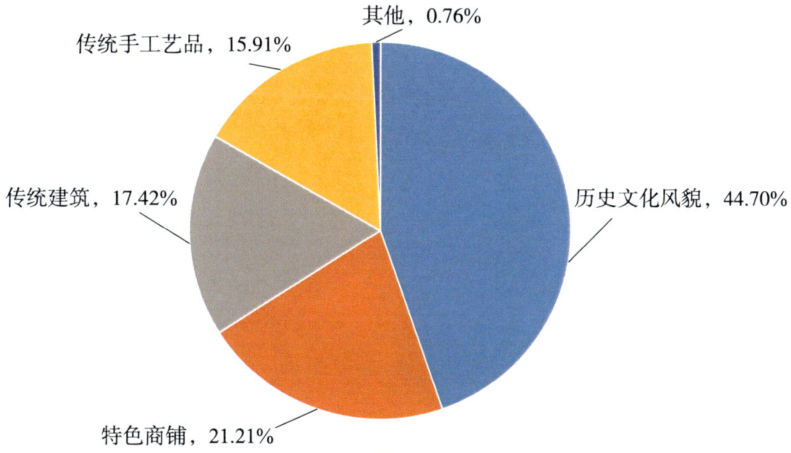

图 6.7　南锣鼓巷吸引力分析

②游览景点

入境游客在南锣鼓巷游览的景点中，东西走向的 8 条胡同区（68.94%）、各类美食店（67.42%）、名人故居（65.15%）遥遥领先，有超过 50% 的受访者表示游览过以上 3 类景点，特色小店的游览率稍低（40.91%），而酒吧的游览率较低（26.52%）（图 6.8）。这说明对历史文化街区的休闲旅游开发，历史遗存和文化内涵依然是对入境游客最具吸引力的元素，而体现老北京生活情节和现代时尚生活情调的休闲商业也对游客具有很强的吸引力。

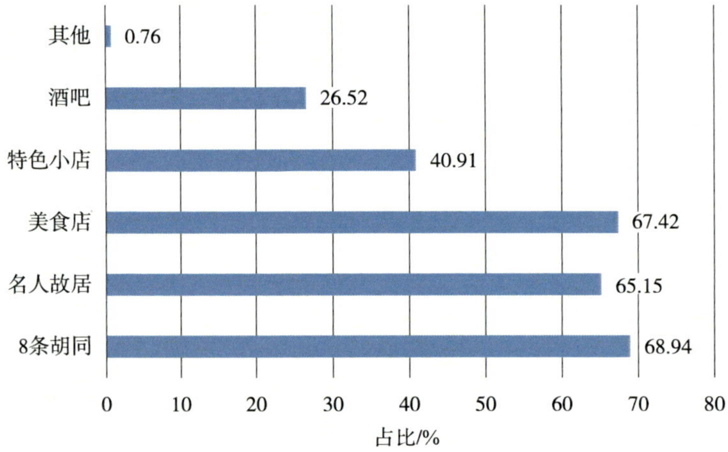

图 6.8　南锣鼓巷景点分析

③旅游消费

大部分入境游客在南锣鼓巷街区的消费用于餐饮（38.64%）及购买纪念品（37.12%），少部分人花费于住宿（13.64%）和娱乐项目（9.85%）（图 6.9）。结合游览景点的分析结果发现，入境游客在南锣鼓巷游览以逛街、餐饮为主，花样繁多的小吃店、饰品、纪念品店是入境游客最容易进入的消费场所，由此可以看出南锣鼓巷街区在特色茶楼、戏院、古玩店、文化书店等体验和休闲项目上的不足。

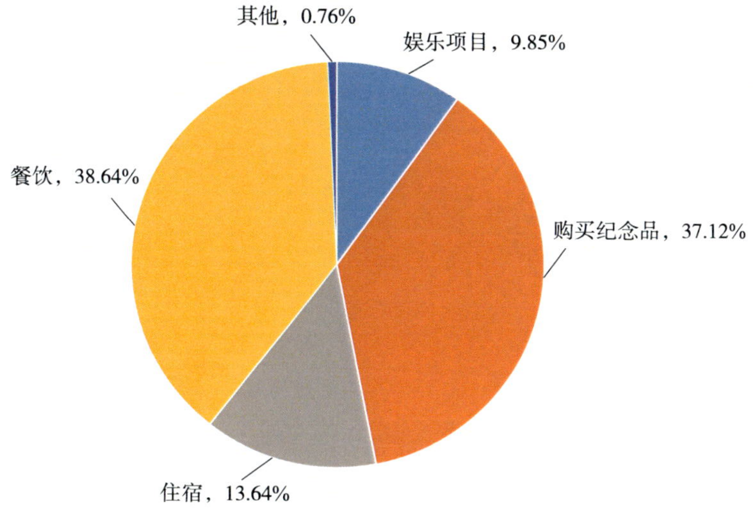

图 6.9　入境游客在南锣鼓巷街区的消费种类及占比

④重游及推荐意愿

入境游客对南锣鼓巷的旅游满意度高，91.67% 的入境游客对南锣鼓巷街区具有重游意愿（图 6.10），84.09% 的入境游客表示自己会向他人推荐南锣鼓巷街区（图 6.11）。

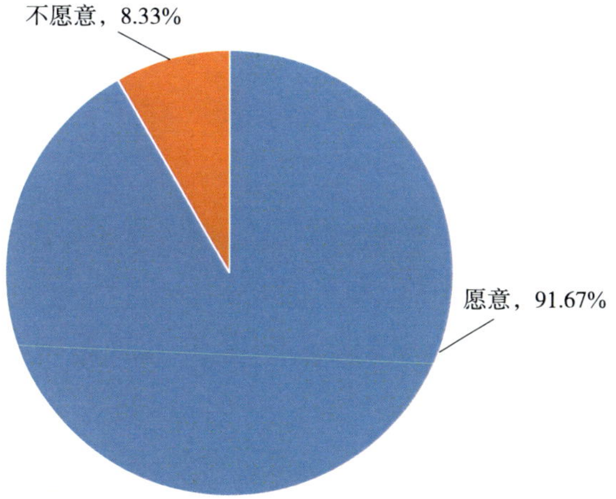

图 6.10　入境游客重游意愿

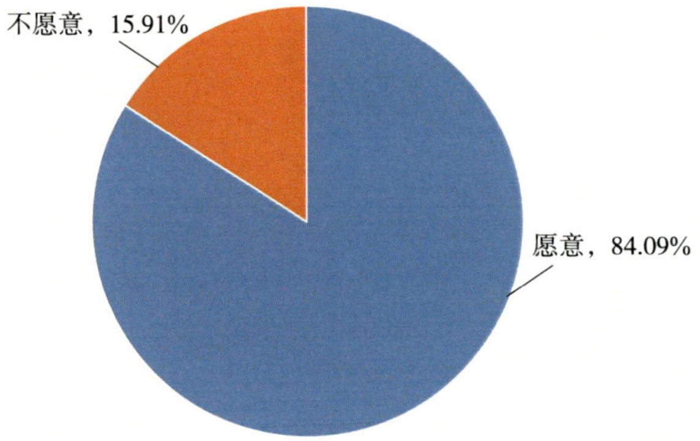

图 6.11　入境游客推荐意愿

⑤游览次数及停留时间

如图 6.12 所示，大部分入境游客（69.70%）是初次游览南锣鼓巷，重游游客约占总游客数的 30%，重游次数 3 次以上者占总游客数的 16.67%，结合游客重游意愿，可知入境游客对南锣鼓巷的重游率较高。图 6.13 显示游客在南锣鼓巷的停留时间集中在 1～3 小时（52.27%）及 3～6 小时（31.82%），长时间驻留（超过 6 小时）的入境游客占比略高于国内游客，而短时游览（小于 3 小时）的入境游客占比低于国内游客，可见入境游客在南锣鼓巷街区的游览兴趣，以及在四合院民宿的居住意愿均强于国内游客。

（4）多重影响统计分析

对游客期望改善因素进行多重响应与交叉表（表 6.12）分析，首先进行游客期望改善因素与性别的交叉分析，发现女性游客对风土人情（21.2%）、住宿条件（19.8%）与治安状况（16.7%）方面的感知略强于男性游客，但在风土人情与治安状况两方面男女调查结果差异不显著（每项因素相差 10% 左右且频数相差不大），而对住宿条件，女性游客感知明显强于男性，说明相对于男性游客，女性游客更期望南锣鼓巷在住宿条件方面做出改善（19.8%）。

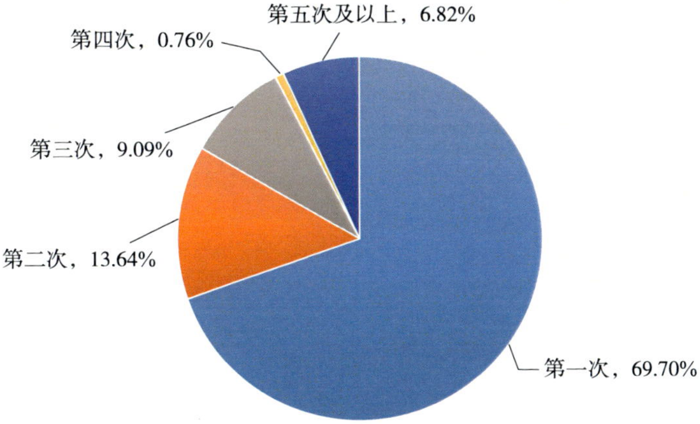

图 6.12 入境游客游览次数及占比

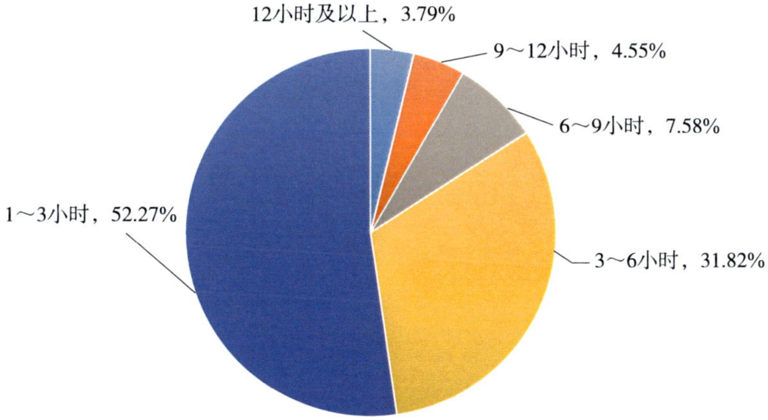

图 6.13 入境游客游览时长及占比

表 6.12 游客期望改善因素与性别交叉表

因素	个案摘要					
	有效的		缺失		总计	
	N	百分比 /%	N	百分比 /%	N	百分比 /%
Q17*$ 改善因素	132	81.0	31	19.0	163	100.0

Q17*$ 改善因素（交叉制表）

性别		$ 改善因素 下列有关南锣鼓巷旅游环境的影响因素，您最期望改善的是（多选）							总计
		风土人情	交通状况	住宿条件	餐饮设施	治安状况	建筑风貌	其他	
男	计数	25	53	25	26	15	26	1	68
	占比 /%	18.9	40.2	8.9	19.7	11.4	19.7	0.8	51.5
女	计数	28	57	13	26	22	25	2	64
	占比 /%	21.2	43.2	19.8	19.7	16.7	18.9	1.5	48.5
总计	计数	53	110	38	52	37	51	3	132
	占比 /%	20.1	41.7	14.4	19.6	14.0	19.3	1.2	100.0

继而进行期望改善因素与停留时间的交叉分析（表 6.13），发现相较于停留了 6～12 小时的入境游客，停留时长在 1～3 小时的入境游客的期望改善因素更集中在交通状况上，随着停留时间的增长，游客对于改善交通状况的意愿不再强烈，这说明街区的交通状况对短时间旅游者的影响较大。

另外，研究发现，无论男女以及停留时间长短，入境游客都期望南锣鼓巷街区的交通状况和餐饮设施做出改善。

表 6.13　游客期望改善因素与停留时间交叉表

因素	游客期望改善因素与停留时间交叉个案摘要					
	有效的		缺失		总计	
	N	百分比 /%	N	百分比 /%	N	百分比 /%
Q13*$ 改善因素	132	81.0	31	19.0	163	100.0

Q13*$ 改善因素交叉制表

游览停留了多少时间 / 小时		$ 改善因素							总计
		风土人情	交通状况	住宿条件	餐饮设施	治安状况	建筑风貌	其他	
1～3	计数	28	60	16	24	18	32	1	69
	占比 /%	21.2	45.5	12.1	18.2	13.6	24.2	0.8	52.3
3～6	计数	18	34	15	18	12	15	1	42
	占比 /%	13.6	25.8	11.4	13.6	9.1	11.4	0.8	31.8
6～9	计数	4	8	3	5	4	4	0	10
	占比 /%	3.0	6.1	2.3	3.8	3.0	3.0	0.0	7.6
9～12	计数	2	5	2	3	2	0	0	6
	占比 /%	1.5	3.8	1.5	2.3	1.5	0.0	0.0	4.5
≥12	计数	1	3	2	2	1	0	1	5
	占比 /%	0.8	2.3	1.5	1.0	0.8	0.0	0.8	3.8
总计	计数	53	110	38	52	37	51	3	132
	占比 /%	40.2	83.3	28.8	39.4	28.0	38.6	2.3	100.0

（5）因子分析

本章通过 SPSS 软件对问卷的游客意象量表进行效度分析，发现 KMO 值为 0.915，大于 0.6 的可接受范围，说明变量间相关性强；同时，Bartlett 球体检验 P=0.000，小于 0.05，表明相关系数矩阵与单位阵有显著差异。因此，原变量可以进行因子分析（表 6.14～表 6.16）。

表 6.14　KMO 与自由度检验

取样足够度的 Kaiser-Meyer-Olkin 度量		0.915
Bartlett 的球形度检验	近似卡方	2 009.924
	df	120
	Sig.	0.000

表 6.15 解释的总方差（2）

成份	初始特征值			提取平方和载入			旋转平方和载入		
	合计	方差的百分比 /%	累积百分比 /%	合计	方差的百分比 /%	累积百分比 /%	合计	方差的百分比 /%	累积百分比 /%
1	8.952	55.948	55.948	8.952	55.948	55.948	5.446	34.036	34.036
2	1.429	8.929	64.877	1.429	8.929	64.877	4.934	30.841	64.877
3	0.989	6.180	71.057	—	—	—	—	—	—
4	0.812	5.077	76.134	—	—	—	—	—	—
5	0.705	4.404	80.538	—	—	—	—	—	—
6	0.482	3.014	83.552	—	—	—	—	—	—
7	0.432	2.701	86.253	—	—	—	—	—	—
8	0.408	2.551	88.805	—	—	—	—	—	—
9	0.357	2.232	91.036	—	—	—	—	—	—
10	0.301	1.882	92.918	—	—	—	—	—	—
11	0.256	1.602	94.520	—	—	—	—	—	—
12	0.226	1.411	95.931	—	—	—	—	—	—
13	0.209	1.307	97.238	—	—	—	—	—	—
14	0.171	1.070	98.308	—	—	—	—	—	—
15	0.144	0.899	99.207	—	—	—	—	—	—
16	0.127	0.793	100.000	—	—	—	—	—	—

表 6.16 因子及其对应变量

成分	具体成分	因素
传统风貌意象	历史建筑意象	5.8 南锣鼓巷历史文化街区风貌应该受到高度保护
		5.7 南锣鼓巷的四合院民宿的开发是合理的
		5.4 街区有淳朴的北京风味特色民宿
		6.3 传统建筑四合院、府邸等都体现着元代至清朝的达官贵人的生活
		5.1 街区建筑风格为灰墙黛瓦的四合院
		5.2 街区有丰富的历史文化遗存
		6.8 将此地作为历史文化街区以供游客游览是相当值得的

续表

成分	具体成分	因素
传统风貌意象	民俗文化意象	5.3 街区有浓厚的老北京民俗文化氛围
		5.6 旅游商品具有当地特色
		6.2 文宇奶酪、老北京布鞋、卤煮、豆汁儿等特产体现了老北京人的传统生活习俗
		5.5 街区游憩活动种类丰富
现代元素意象	休闲体验意象	6.6 来南锣鼓巷旅游能感受到自己犹如身处在元代，街区的现代开发仍保留了历史特色
		6.5 当地居民的民俗活动让我体验到了丰富多彩的历史文化
	商业开发意象	6.7 街区开发时融入了现代的酒吧、咖啡厅等商业元素是合理的
		6.1 旅游商品（纪念品、小吃）价格合理、品质好
		6.4 南锣鼓巷街区内商业元素浓郁

利用 SPSS 软件的因子分析功能对问卷数据进行因子分析，利用主成分分析法进行公因子的提取，并通过方差最大法进行正交旋转处理，选中、保留所有特征根值大于 1 的公因子，发现旋转后得到的因子载荷矩阵将入境游客的街区意象评价归于 2 个因子，共解释了总方差的 64.88%，因子命名如下：

①传统风貌意象：最重要的变量解释了总方差的 55.95%，包含 11 个变量的信息，即 7 个历史建筑意象（5.8、5.7、5.4、6.3、5.1、5.2、6.8）及 4 个民俗文化意象（5.3、5.6、6.2、5.5）。

②现代元素意象：最重要的变量解释了总方差的 8.93%，主要包含 5 个变量的信息，即 2 个休闲体验变量（6.6、6.5），3 个商业开发意象（6.7、6.1、6.4）。

6.4 结论

综合以上分析结果得知，南锣鼓巷历史文化街区旅游目的地意象感知的影响因素主要来源于历史文化、旅游体验和现代商业三大影响因素，具体描述如下：

首先，在历史文化意象方面，具体可分为建筑风貌意象和民俗文化意象两类。建筑风貌是最直观可视的因素，包括鱼骨状的胡同院落、灰墙黛瓦的四合院等，构成了游客的第一意象。老北京民俗文化是游客在游览过程中感知到的，南锣鼓巷街区独有的北京特色美食和民俗艺术品给予国内外游客真正的"老北京"感觉，特色美食如"文宇奶酪""南锣人家""稻香村""老北京卤煮"等，民俗小店如"南锣民俗文化馆""古巷文化""鼻烟壶""老北京剪纸""谭木匠"等，都给游客心中打上"北京特色"的烙印。

其次，在旅游体验方面，南锣鼓巷街区保留着丰富的历史遗存，给予国内外游客参观学习的体验，而不是纯粹的"游古街、享美食"。南锣鼓巷的旅游体验既包括民俗文化体验，也包含现代休闲体验。南锣鼓巷街区的胡同格局和四合院，散落在各个胡同的名人故居，如齐白石故居、茅盾故居、靳云鹏故居等，以及现存的"万庆当铺"等历史遗迹，为游客深入了解胡同文化提供了契机。并且，四合院的民宿开发及特色美食也使得国内外游客有机会体验老北京的市井生活。此外，历史文化街区的休闲商业开发，如茶馆、咖啡厅等，使游客在体验北京传统文化氛围的同时，也能获得时尚精致的现代生活体验。

最后，在南锣鼓巷街区开发时融入的现代商业元素方面，入境游客对此基本是认同并喜爱的，而国内游客的态度两极分化非常明显。认同的国内游客认为街区将历史与现代、传统与时尚融合，在满足国内游客寻古情怀的同时，也可以享受到在咖啡厅闲坐、在书店看书等现代休闲方式；而不认同的国内游客则认为街区商店众多，当地居民流失，商业化过度，使游客失去了对街区原真性的体验。可见，游客对历史文化街区的熟悉度越高，对街区的历史文化越了解，对街区同质化的感知越明显，对商业开发的态度越偏负面。

在国内外游客对南锣鼓巷意象感知的差异性方面，入境游客对南锣鼓巷历史文化意象的感知强于国内游客，而国内游客对休闲商业意象的感知强于入境游客，造成这种差异的原因可能在于入境游客对北京历史文化缺乏了解，建筑、美食、工艺品等作为独特的地域文化和民俗文化的载体，能激发入境游客的猎奇心理，因此他们对街区的历史文化意象感知更强；而国内历史文化街区的开发多具有同质性，国内游客如果发现南锣鼓巷与其他历史文化街区在商业模式、业态和品牌上的雷同化，就会产生商业化过度、原真性体验消失等负面感知。

7

不同文化群体的历史文化街区意象感知差异

7.1 研究内容

本书采用八爪鱼采集器，抓取国际知名游记网站 TripAdvisor 上 2010—2019 年发布的南锣鼓巷街区、东四三条至八条街区及国子监街区 3 个历史文化街区的多语种游记文本，将入境游客按客源地和语种划分为 5 个文化群体，然后运用内容分析法，探讨不同文化群体对北京市历史文化街区的形象感知差异。

7.2 研究方法

7.2.1 数据获取

本章采用八爪鱼采集器对 TripAdvisor 上的南锣鼓巷、东四三条至八条、国子监街区的游客点评数据进行爬取。其中，东四三条至八条街区包含“东四”和“东城成贤街”两个关键词，国子监街区包含“孔庙与国子监”“国子监”“五道营”3 个关键词。南锣鼓巷街区、东四三条至八条街区及国子监街区分别获得 537 条、25 条和 466 条旅游点评，覆盖英语、意大利语、西班牙语、日语等 20 种语言。旅游评论数据包括评论标题、评论内容、用户来源地和发布时间等内容。评论的发布时间从 2010 年 3 月至 2019 年 5 月，发布者来自北美、欧洲、亚洲、非洲、大洋洲等 50 个国家和地区，发布者的客源地分布与北京市旅游统计年鉴基本吻合。为便于对评论文本开展内容分析，将英文和繁体中文以外的 18 种语言都翻译成中文。

7.2.2 文化群体划分

为了研究不同文化群体对北京市历史文化街区的感知形象，本书根据语言和国家地域，将北京入境游客划分为 5 大文化群体，即盎格鲁文化群体、欧洲文化群体、东南亚文化群体、东亚文化群体和港澳台文化群体（图 7.1）。盎格鲁文化群体是以盎格鲁—撒克逊人为主导的国家的游客，包括美国、英国、加拿大、澳大利亚和新西兰五国。欧洲文化群体指英国之外的欧洲国家游客。东南亚文化群体包括马来西亚、印度尼西亚、泰国和越南等国的游客，这些国家在历史上受到印度和中国文化的双重影响，且多数国家在近代受到西方殖民文化的影响。东亚文化群体主要包括日本和韩国游客。港澳台文化群体为我国香港、澳门和台湾地区的游客。以上 5 个文化群体构成北京入境游客的主体，共发表旅游点评 740 条。其他来自南美、非洲和中东等地的游客因数量稀少，未归于任何文化群体中，也不作为本书的研究对象。

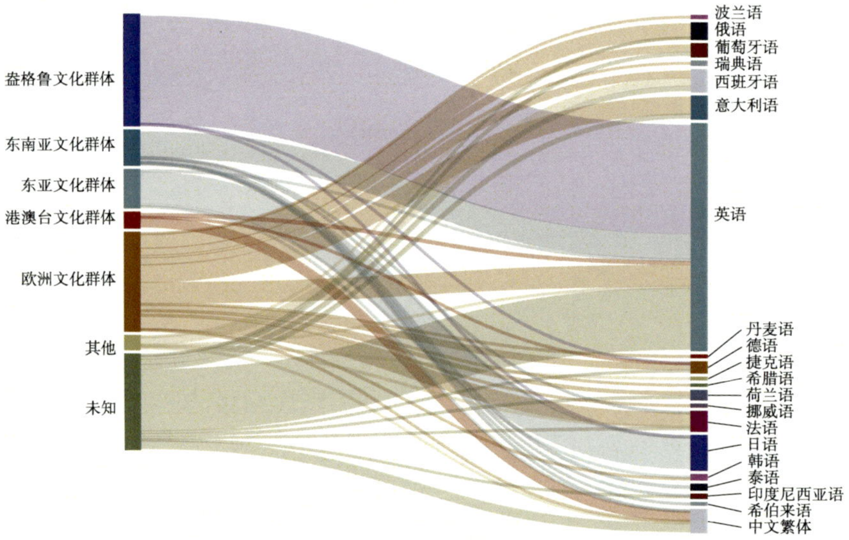

图 7.1　网络游记语种与游客来源地关系

7.2.3 入境游客地方依恋的构建

本书在 Hammitt（1996）五维地方依恋模型的基础上，引入游客对旅游目的地的负面情感，构建入境游客地方依恋模型。本书删除 Hammitt 模型中的地方根深蒂固感，并增加地方疏离感、地方冷漠感和地方陌生感 3 个负面情绪维度（图 7.2）。其中，地方疏离感指游客对地方缺乏和谐亲密的情感连接，具体表现有平静和沉思等；地方冷漠感指游客对地方缺乏兴趣，缺少内心体验，具体表现有遗憾和失望等；地方陌生感指游客对地方的感受严重偏离预期或想象，具体表现有厌倦和欺骗等。

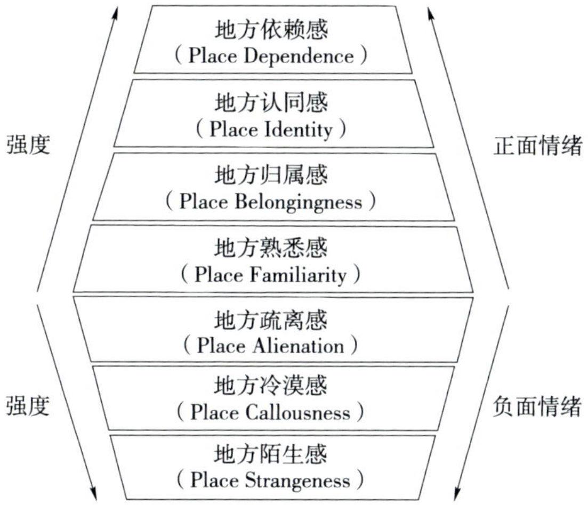

图 7.2 入境游客地方依恋模型

7.2.4 入境游客点评文本的内容分析

本章参考 Baloglu 等（1999）提出的目的地形象结构模型，运用内容分析法，对 5 个文化群体的 740 条游客点评文本进行对比分析，试图构建不同文化群体的历史文化街区感知形象，挖掘不同文化群体对历史文化街区的形象感知差异。内容分析法是一种对复杂的非定量文字材料进行客观和定量分析的研究方法，对梳理历史文化街区形象的结构化特征有较大的帮助。

本章的内容分析包括以下 3 个循序渐进的步骤：

1）使用质性分析软件 Nvivo 12.0，对游客点评文本进行词频统计。字词是文本最基本的意义单元，统计文本用词的频次，可以揭示不同文化群体对历史文化街区的整体形象特征及差异的感知情况。

2）语义网络分析，语义网络通过网络的形式表达事物之间的联系，使用 Gephi 0.9.5，对正向情感文本和负向情感文本分别进行社会语义网络分析，获得不同文化群体正、负向情感相关联的形象要素。

3）运用质性分析软件 Nvivo 12.0，对游客点评文本进行编码，以点评文本句子为分析单元，对点评文本中涉及历史文化街区认知形象和情感形象的要素设计节点及自由节点的从属关系进行梳理，形成结构层次，并统计不同文化群体的编码频数，以便对不同文化群体的历史文化街区认知形象和情感形象进行定量分析和对比。

7.3 数据分析

7.3.1 文化群体对历史文化街区的整体形象认知

高频词分析可以简单直观地表现游记中出现频次较高的词汇，借以反映出游客对历史文化街区形象整体的感知情况。本书首先对 3 个街区的游客点评文本进行预处理：删除空行、空格、颜表情、停用词等；而后，删除文本中的客源地地名，如英国、美国等；最后，将所有游客点评文本进行合并，利用 Nvivo 12.0 进行词频统计，并将前 200 个高频词制作成词云图（图 7.3）。

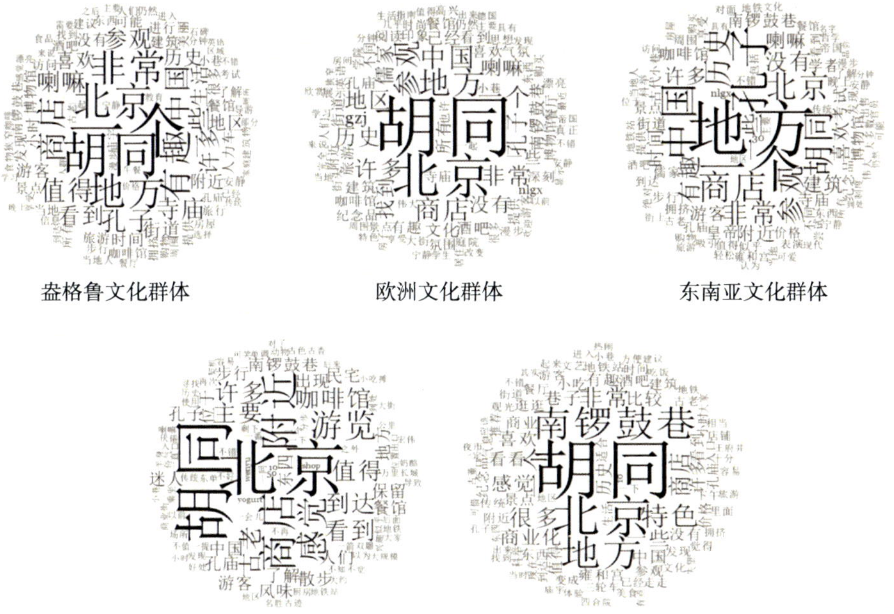

盎格鲁文化群体　　欧洲文化群体　　东南亚文化群体

东亚文化群体　　港澳台文化群体

图 7.3 不同文化群体的旅游点评词云图

词频统计结果反映出不同文化群体对历史文化街区的整体意象特征如下：①地名是各文化群体提及次数最多的词，如胡同、北京、南锣鼓巷、国子监、孔庙等。②游客对历史文化街区的认知主要包括以下 3 类：商店、餐馆、酒吧、咖啡馆等商业休闲业态；街道、建筑等体现北京历史文化的物质空间；表演、展览、三轮车等文化民俗活动。③游客评论中的情感词汇包括两大类，一类是诸如喜欢、高兴、值得等表达游客情绪态度的词汇，另一类是有趣、漂亮、宁静、拥挤等描述街区氛围的词汇。④不同文化群体对历史文化街区的整体意象呈现出差异。盎格鲁文化群体高频词的词频分布相对均匀，该群体对街区商业体验和参观历史类景点同等注重，并产生“值得”“有趣”“喜欢”等积极情绪；欧洲文化群体更注重街区的商业、文化活动，以及街区的整体氛围体验；东亚文化群体偏好胡同的步行体验，被胡同内的“商店”“咖啡馆”“餐馆”“小吃”所吸引，产生“值得”“迷人”等积极情绪；东南亚群体对参观历史文化类景点和观看文化演艺更感兴趣；而港澳台群体对南锣鼓巷的商业化最为敏感，产生“没有特色”等消极情感。

7.3.2 文化群体认知形象对比分析

游记描述了游客的旅游经历，涉及“食住行游娱购”等游客经历的方方面面，它所提供的原真的、自发的和丰富的信息也反映了旅游目的地的独特形象。而感知维度是学者进行目的地形象测量和评价的主要途径，通过对游客评论的分析，可以看出游客在讨论旅游活动、基础设施、空间认知、文化认知、整体氛围等不同维度时，评论篇幅及采用词汇存在差异。通过对游客点评文本的编码分析，发现游客对历史文化街区的感知包括文化认知、活动体验、公共服务和地方氛围 4 个类别。不同文化群体在 4 个类别的感知方面均存在差异（表 7.1）。

表 7.1 文化群体历史文化街区认知形象感知编码表（以国子监为例）

维度	因子	节点	参考示例①	各文化群体编码频次
文化认知（313）	文化符号（303）	中国第二大寺庙（7）、科举（33）、帝国学院（53）、石碑林（33）、儒家思想（20）、历史（31）、孔子（69）、古树（29）、博物馆（28）	中国第二大孔庙，建于 1302 年，面积近 3 个足球场大；刻有 18 世纪末儒家经典的 189 块石碑令人印象深刻。以前曾在学院两旁的画廊中使用，但如今已迁入一个长廊	盎格鲁文化群体（67） 欧洲文化群体（55） 东南亚文化群体（43） 东亚文化群体（58） 港澳台文化群体（72） 其他文化群体（18）
	准确性（10）	认知错误与偏见（10）	我们都知道孔子很受欢迎，但是圣殿让我们看到了他的宗教地位	

续表

维度	因子	节点	参考示例①	各文化群体编码频次
活动体验（223）	文化活动（87）	历史文化（77）、民俗文化（4）、与当地人交流（6）	我们在一个友好的女士开设的餐馆中共进午餐；在北京美丽的老城区，乘人力车很有趣，很高兴能看到广阔的区域而无须步行	盎格鲁文化群体（24） 欧洲文化群体（49） 东南亚文化群体（61） 东亚文化群体（40） 港澳台文化群体（36） 其他文化群体（13）
	休闲活动（136）	美食（12）、娱乐（16）、漫步（29）、观光（60）、购物（13）、探索（6）	风景如画的寺院中的池塘有许多金鱼供您欣赏	
公共服务（79）	旅游服务设施（45）	住宿（1）、卫生（1）、门票（10）、交通（22）、厕所（7）、标识系统（4）	虽然收取入场费（30元人民币；不到5美元）会给博物馆带来实际的收入，但可能会给游客带来不小的烦恼，即使不是出于恶意； 上面有许多英国的牌匾/文字，因此您无须导游就可以从旅途中获得很多收益	盎格鲁文化群体（21） 欧洲文化群体（13） 东南亚文化群体（10） 东亚文化群体（26） 港澳台文化群体（7） 其他文化群体（2）
	服务质量（34）	门票价格昂贵（8）、合理（12）、服务态度（1）、导游（11）、安全性（2）	还可以，但是不值这个高价； 我个人喜欢在购买之前试衣，甚至看价格标签。肤色较白皙的人被视为潜在客户	

续表

维度	因子	节点	参考示例①	各文化群体编码频次
地方氛围（221）	态度意愿（40）	情绪感受（38）、旅游态度（2）	从我第一次参观博物馆/寺庙以来已经有很多年了，我很高兴回到这里。国子监附近有鸟鸣声，微风拂面。这是一个非常安静的地方，我绝对会向别人推荐它	盎格鲁文化群体（68） 欧洲文化群体（40） 东南亚文化群体（36） 东亚文化群体（33） 港澳台文化群体（25） 其他文化群体（19）
	街区氛围（181）	重建（3）、真实（1）、拥挤（1）、安静（66）、宁静（39）、隐蔽（9）、传统（5）、古老（3）、历史（7）、商业化（1）、旅游化（2）、漂亮（26）、迷人（4）、氛围好（8）、独特（6）	胡同中隐藏着非常古老的历史，有些建筑和较小的场地与天坛类似；五道营胡同有很多时髦的酒吧和餐馆，绝对是给游客带来愉快氛围的场所	

注：①参考示例摘自 TripAdvisor 游客点评，不代表作者观点。

（1）文化认知感知差异

文化认知主要涉及游客对文化的认知情况、对文化的了解程度及了解的准确性方面。分析表明距离越远的游客在面对异质文化时，产生的好奇心和探知欲越强，在得到部分文化体验后产生的满意度越高，如盎格鲁文化群体和欧洲文化群体在评论中提到“北京最好的寺庙之一，展示着真正的中国文化”“它不仅是一个历史景点，也是一个不错的地方”；而距离越近的游客，对中国历史文化的了解越多，对缺乏原真性的历史文化街区满意度越低，如港澳台文化群体和日韩文化群体提到“又是一处用历史包装商业铸造的景点”。游客对中国文化的了解程度与了解的准确性也与距离有很大的关系。研究表明，盎格鲁文化群体和欧洲文化群体对中国文化的了解程度较低，存在一定的文化认知错误，如“狭窄的胡同是北京文化的中心”，“我们看到了一些漂亮的雕塑和一个令人难以置信的曼荼罗”；其对文化的描述也较为抽象，多以“中国 / 老北京”或“重要的 / 伟大的 / 非凡的”的词汇形容文化，很少提到有关文化的具体内容或表现形式，此外，他们对历史建筑的描述比较笼统，如提到孔庙和国子监街区“（有）许多宏伟的皇室建筑和令人印象深刻的中国古典建筑，具有非凡的历史”。而东亚文化群体、东南亚文化群体和港澳台文化群体对中国文化的认知程度较为深刻和具体，多次提到南锣鼓巷内的婉容故居、齐白石故居等名人故居，以及国子监内触奸柏、石碑林、孔子生平等相关历史人物和历史故事。

（2）活动体验感知差异

旅游活动是指游客旅游过程中进行的一系列行为的总和。旅游活动体验的种类繁多，包括文化活动体验和休闲活动体验，其中，历史文化、民俗文化及与当地人交流构成了文化活动的主体，而美食、漫步、购物等构成休闲活动的主体。

在旅游活动的选择上，丰富的人文背景与痕迹是城市街区的精华所在，如果城市建筑是街区物质性的客观存在，街区内的人文资源则是体现街区灵魂与气质的精神存在，尤其是在历史文化街区中。港澳台文化群体对文化活动提及最多，如“（国子监）里面的碑林登载着科举时代历代状元的名字，可在其中找寻到历史课本中熟悉的名字”“体验到老北京居住文化的精髓”，其次是处于儒家文化圈的以日韩为代表的东亚文化群体，如“我们第一次访问的是一个曾经是王室成员的女人的家（婉容旧居）!”欧洲文化群体也对文化类活动体验较为关注；而盎格鲁文化群体则更注重美食、购物、探索支巷等休闲活动体验，如“我吃了很多北京小吃，发酵豆汁儿、豆饼、炖肝、豌豆饼。其中，豆饼是我的最爱。我似乎从这些小吃中尝到了历史的味道”“在狭窄的小巷中迷路，在每个角落探索一些特别的东西”。港澳台作为中国的一部分，由于地理位置接近及对本国文化的浓厚兴趣，使得港澳台游客在游览过程中多以文化活动为主，对商业化街区持有中性或负面的态度，如“南锣鼓巷是一个值得好好逛逛的北京胡同，在北京小巷里领略百姓文化，或许商业气味仍重”“千万别去，都是商业化坑外地人的，你看有北京人往那儿跑的吗!!!! 千万别去”。同时对历史文化体验类活动较为重视的群体，对“街区重建”“商业气息浓重”持有中性或负面情绪，如“(南锣鼓巷)已变成商业街，在这吃饭有点贵，已失去老北京的味道”。值得一提的是，各个文化群体对国子监内的“文艺表演”这一文化体验的参与度和评价都很高，但同时也有因此类活动过少而产生的抱怨。

(3)公共服务感知差异

文化群体对公共服务的感知差异主要体现在客流拥挤程度和旅游设施方面。盎格鲁文化群体对拥挤现象表现出明显的不耐烦情绪，如“到了晚上，这里非常拥挤”“非常狭窄，结果非常拥挤”，不过其中也有少数游客认为街区拥挤是“人群体验的一部分”，对此感到新奇；欧洲文化群体对街区拥挤也持负面态度，但情绪唤醒度比盎格鲁群体低，描述词汇通常为“拥挤”“偶尔会变得拥挤”等；东亚文化群体则可以接受街区的拥挤现象。由此可见，因心理距离不同，文化群体对空间的态度和感受也不同。西方游客喜欢更大的公共距离和空间，对人与人之间的距离更敏感，而日韩游客受儒家文化的影响，重视群体关系，心理距离比欧美游客“小”。此外，文化群体惯常环境的人口密度也会影响其拥挤感知，旅游地与文化群体惯常环境反差越大，感知越明显。

在旅游设施方面，不同文化群体对标识系统、公共厕所和环境卫生的感知存在差异。在标识系统方面，盎格鲁文化群体和欧洲文化群体对标识语言的敏感度低，而东南亚文化群体对标识语言的敏感度高，表示“除非您会中文，否则要绕过您无法理解的国子监内的主要景点之一—— 石刻铭文”。这可能与不同文化群体对中国文化的兴趣有关，深入了解中国文化的愿望越强烈，对缺乏解说系统就越敏感。此外，公共厕所也是游客评论的热点。对于胡同中缺少隔间的公共厕所，盎格鲁文化群体和欧洲文化群体表现出诧异和震惊等情绪，对公共厕所多用“肮脏”“摇摇晃晃”“公共”“拥挤”等词语形容；而日本游客对此不仅能平静地接受，甚至认为在这种公共厕所如厕是一种新鲜的体验。在环境卫生方面，不同文化群体的感知差异也较大，如盎格鲁文化群体表示“街区很拥挤、肮脏、嘈杂，但这不就代表了每个中国景点吗”，从南锣鼓巷一个景点引申到中国所有景点，因先入为主的印象而对中国旅游产生负面情绪，可见文化差异越大，对公共服务中的不足感知越明显，宽容度越低。

（4）地方氛围感知差异

地方氛围涉及态度意愿和街区氛围两个层面。在历史文化街区整体氛围方面，各文化群体普遍认为南锣鼓巷时尚与传统并存、东四街区质朴陈旧、国子监庄严宁静。其中，盎格鲁文化群体和欧洲文化群体对南锣鼓巷的整体满意度最高，提到“有趣”“值得”“喜欢”等正面高频词最多，重游和推荐意愿较高，如“您想了解更多有关中国历史和文化的知识，请来到这个地方”“我们去过这条街（南锣鼓巷）好几次了”。对于南锣鼓巷的商业开发，盎格鲁文化群体和欧洲文化群体与港澳台文化群体的态度截然相反。盎格鲁文化群体和欧洲文化群体认为南锣鼓巷“经典与现代的并置”，十分有趣；而对没有商业开发、最能体现老北京市井生活的东四街区的评价是“破旧”“贫穷”，对其中的京味生活和民俗文化缺少兴趣。然而，东亚文化群体、港澳台文化群体和东南亚文化群体游客对街区的原真性要求较高，认为南锣鼓巷“不是真正的胡同体验。昂贵，旅游街上到处都是纪念品商店和昂贵的平庸食品”“商业化程度太高了，高昂的租金使这里的许多原始租户搬迁，导致零售快速消费品的商店如泡沫茶和鸡翅激增，大多数遗产也消失了”“虽然街景保留了古建筑，但我还是觉得有点过度商业化了。就如同电影的布景一般，没有真实感”，他们对南锣鼓巷的商业化和本地居民的流失持负面态度，重游意愿较低。

7.3.3 文化群体情感形象对比分析

在游记中，游客喜欢用描述性语句表达他们对旅途、经历和体验的情感态度，将点评中表达正面和负面情绪的句子合并，构成正面和负面点评文本，通过 Gephi 0.9.5 对正向情感文本和负向情感文本分别进行社会语义网络分析，可获知不同文化群体对历史文化街区正、负面情感的关联要素。

如图 7.4 所示，盎格鲁文化群体的正面情绪与“古老”的历史建筑、“安静”的氛围、“美丽”的环境、“方便”的交通、“有趣”的体验和国风“表演”等认知要素以及“享受”“惊喜”“流连忘返”等情感要素相关联，其负面情绪与“人山人海”“狭窄”的街巷、“老房屋”中居民共用的“公共卫生间”和“脏乱”的环境等认知要素以及“无聊”“受折磨”等情感要素相关联。欧洲文化群体的正面情绪与街区的“传统”氛围、街区内“酒吧”“餐厅”“咖啡馆”“商店”等带来的“购物”和“闲逛”体验以及“愉快”等情感要素相关联，其负面情绪与“展馆”“关闭”、解说词“阅读困难”、缺少“翻译”、体验“糟糕”等认知要素以及“失望”情绪相关联。东亚文化群体的正面情绪与北京“日新月异”的变化、充满“年轻人”和“入境游客”的街巷、与“当地人”一般的逛吃体验以及“推荐”和“舒适”等情感要素相关，其负面情绪与“人山人海”“喧闹”“脏乱”的街道、“人少”的景点、“平庸”的体验以及“无聊”“不推荐”等情感要素相关。东南亚文化群体的正面情绪与“孔子”“国子监”“雍和宫”等历史文化类景点体现的“中国”“文化”密切相关，其负面情绪与“展馆”有关。港澳台文化群体的积极情绪主要与“南锣鼓巷”丰富的商业体验有关，负面情绪集中于街区的“商业化”，与缺乏特色的旅游商店、“标准式”的商品、“平庸”的风味、“不真实”和“失去”原真性的街区以及“可惜”等情感要素相关。

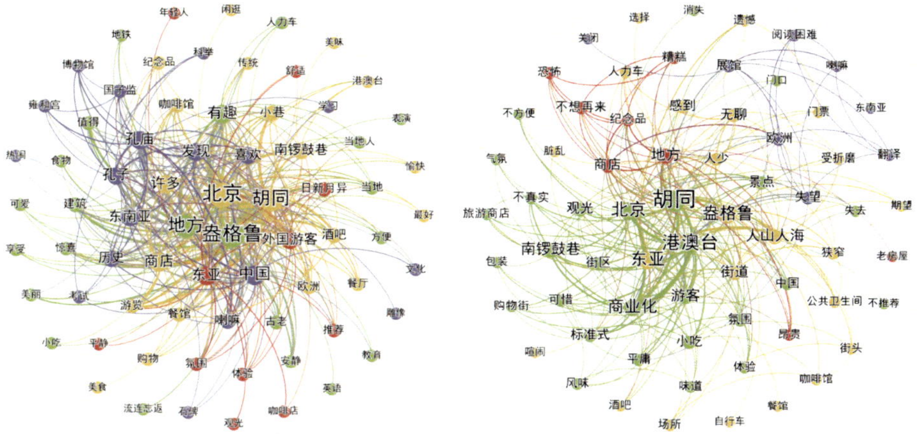

图 7.4　不同文化群体地方情感的语义网络图

进一步地，通过对游客点评文本的编码分析，获得不同文化群体对历史文化街区的情感形象（表 7.2）。情感形象包括正面情感、中性情感和负面情感 3 个类别。其中，正面情感包括地方熟悉感、地方归属感、地方认同感和地方依赖感，中性情绪指地方疏离感，负面情感包含地方陌生感和地方冷漠感。各文化群体对历史文化街区的总体情绪为正向，负面评价较少。引起各文化群体正、负面情绪的因素相似，但是具体诱因有较大的差异。

表 7.2　文化群体历史文化街区情感形象编码

<table>
<tr><th>维度</th><th>因子</th><th>节点</th><th>参考示例</th></tr>
<tr><td rowspan="2">负面</td><td>地方陌生感</td><td>厌倦、厌恶、欺骗</td><td rowspan="2">已变成商业街，在这吃饭有点贵，已失去老北京的氛围，只适合逛街，喜欢怀古的人会非常失望；
很遗憾，我们没有更多时间去探索相连的胡同</td></tr>
<tr><td>地方冷漠感</td><td>遗憾、失望</td></tr>
</table>

续表

维度	因子	节点	参考示例
中性	地方疏离感	接受、沉思、平静	南锣鼓巷整条巷子的店面、摆设、商品以及房屋的设计，有一种特意迎合西方世界想象中的中国风，而且是那种不太了解中国的中国风； 一般般，在逛完雍和宫后游览了五道营胡同，并没有什么特别的地方
正面	地方熟悉感	熟悉、回忆	感觉有很多面向年轻人的店铺，就如同日本的竹下通大街一般；可于其中找寻历史课本中熟悉的名字
	地方归属感	喜欢、沉浸、归属、安全、快乐	我喜欢这个地方，仅仅是逛了精品店就花了几个小时； 我更喜欢夏天的时候在这里散步，因为非常凉快，叶子绿绿的，遮阴
	地方认同感	意义非凡、强烈认同、信任、情有独钟	我们在游览中，其中包括乘人力车，很有趣且具有历史意义； 我认为这将是一次很棒的经历，因此绝对应该尝试
	地方依赖感	满足、享受、流连忘返、尽兴、重游	我们有一个晚上参观了南锣鼓巷，非常享受； 我们在游览完雍和宫后去孔庙，享受远离人群探索这个地方的乐趣。它比其他旅游景点要安静得多

游客负面情绪可归纳为“遗憾”“失望”“厌倦”“讨厌”“疑惑”“不信任”，源于地方冷漠感和地方陌生感。东亚文化群体和港澳台文化群体对南锣鼓巷的商业化表现出“失望”，对千街一面的商品业态表现出“厌倦”。例如，在“刻意营造出的老北京气氛中，充斥着浓浓的商业气息，和我的期待有所出入，建议随便逛逛而已”，南锣鼓巷“已变成商业街，在这吃饭有点贵，已失去老北京的氛围，只适合逛街，对喜欢怀古的人，会非常的失望”，“南锣鼓巷街区标榜文创市集，逛的人非常多，但差异性不大，看了头就知道尾，而且跟大部分的北京市集特色街道雷同”。港澳台文化群体有深入探访历史文化景点的需求，对未能进入孔庙与国子监内部表示“遗憾”，例如，“很了解孔子的作品，但不幸的是，我去的时间不巧，这座寺庙没有开放”。东南亚文化群体主要由于缺乏英文导览服

务而产生“疑惑”和“讨厌”等负面情绪，如“语音导览很笨拙。英语是断断续续的，有时会被随机切断”，可见东南亚文化群体也有了解中国历史文化的意愿。盎格鲁文化群体和欧洲文化群体的“失望”情绪主要由于东四三条至八条街区中“没有太多的可玩性和看点，不知道将来会不会因为拆迁改造开发一下”，其“厌恶”情绪往往源于基础设施，如“许多特别刺鼻的厕所，我十分讨厌”，而“欺骗”情绪往往与服务态度有关，如澳大利亚游客在乘坐人力车时，表示“（人力车）司机变得暴力和有攻击性。根本不要信任他们，因为他们会把您骗走，这非常可怕”。

游客正面情绪出现的频率明显高于负面情绪。其中，地方熟悉感体现在游客在游憩时能联想起自己曾经去过的本国街区，引发游客的回忆，其主要在东亚文化群体中产生，如日本游客由南锣鼓巷联想到“原宿”“竹下大街”“秋叶原”，韩国游客由南锣鼓巷联想到“明洞”。地方归属感是指游客对街区产生欢欣喜悦，甚至沉浸其中的感受。街区的自然和人文环境、整体氛围、旅游商品等都可以激发游客的地方归属感。例如，欧洲文化群体“喜欢（南锣鼓巷的）街头食品和美味小吃”，认为它“是一个好地方”，在国子监游览时“沉浸在浓厚的历史氛围中”。地方认同感是指游客对街区产生信任、认同、情有独钟的感觉，认为在街区的游览经历意义非凡。街区的整体氛围、历史文化底蕴以及游客对新鲜事物的体验和探索都能激发地方认同感，如盎格鲁文化群体在南锣鼓巷街区的评论中提到，“这次乘车之旅是一次非常新颖的经历，它经过无数次曲折弯弯，让人有点激动”。地方依赖感是指游客对街区产生尽兴和流连忘返的情绪及重游的意愿。街区的物质环境、历史文化和演艺活动，如“名人故居”“孔庙”“孔子”“科举考试”“文化展演”等，都能给入境游客带来满足和享受，使他们感叹中国文化的“独一无二”。

7.4 结论

本章通过对不同文化群体的历史文化街区感知形象进行对比，发现不同文化群体在对北京历史文化街区的认知形象、情感形象和整体形象方面均存在差异。游客正面情绪出现的频率明显高于负面情绪，与以往研究一致。在入境游客目的地形象研究方面，过去的研究聚焦某一个主要客源国游客的旅游目的地形象构建，比较研究较少。而文化群体间的目的地形象比较研究，大多是在国内和国外游客之间，或少数几个国家游客之间进行对比，且解释性研究很少。过去的研究方法多为问卷调查法，该方法难以对不同语言的各国游客都进行调查，因此像本书这种覆盖多语种和几乎所有主要客源国的多个文化群体的目的地形象比较研究还没有见到。

不同文化群体对北京市历史文化街区感知形象差异总结如下：

（1）在旅游活动的选择上，各文化群体存在较大的差异。而日韩游客及港澳台游客更偏向历史文化类的旅游体验活动，如南锣鼓巷的名人故居、国子监科举考试制度文化及文艺表演类等体验活动；盎格鲁文化群体和东南亚文化群体较喜欢特色美食体验和购物体验类活动；欧洲游客群体在参与旅游活动时更注重商业化活动的体验和猎奇类的旅游活动体验，如酒吧和咖啡馆的购物休闲体验及小巷内部的猎奇探险体验。

（2）距离越远的游客在面对异质文化时，产生的好奇心和探知欲越强，在得到部分文化体验后产生的满意度越高，但其对文化的了解程度及准确性较低。

（3）在公共服务方面，各文化群体的感知形象差异较大。在街区人群拥挤方面，欧美文化群体多持负面态度，但也有部分人认为"人群"是一种"中国式"的体验；港澳台文化群体对拥挤的情感较差。欧美文化群体对待厕所的态度多为“惊讶”“厌弃”；而日韩文化群体则表示可以接受；东南亚文化群体对厕所的感知较弱，很少提及。

（4）各个文化群体对街区氛围的认知集中在南锣鼓巷现代与传统相融合、东四街区的质朴以及国子监街区的宁静与庄严。在旅游体验的过程中，盎格鲁文化群体和欧洲文化群体体验感较好，因此重游率和推荐度较高。盎格鲁文化群体和欧洲文化群体对商业化发展并不排斥，甚至更偏好商业化开发的街区；而距离较近的东亚文化群体和我国港澳台文化群体对街区的传统气息十分渴望，对商业化的态度消极。

（5）从整体情感分布上看，各文化群体对街区产生的情感以正向为主，负面评价较少。引发东亚文化群体和我国港澳台文化群体负面情绪的是街区商业化和街道拥挤；引起欧美文化群体和盎格鲁文化群体负面情绪的是街区的基础设施、环境卫生和出游体验；而引发东南亚文化群体负面情绪的原因主要是英文导览及导游服务的缺乏。

（6）同一个文化群体中由于客源地域的不同，对历史文化街区的形象感知也存在一定的差异。

在不同文化群体间目的地形象差异产生的原因方面，街区环境的本真性、公共设施和拥挤感知显著影响着不同文化群体的地方依恋，继而影响了文化群体对历史文化街区的形象感知。文化异质性在街区环境与地方依恋之间发挥了重要的影响作用。历史文化街区的本真性，如街区的原始风貌形态、悠久历史底蕴、老北京风土人情等，能够唤起文化群体的地方依赖感与地方认同感。但由于文化异质性的存在，不同文化群体对同一历史文化街区的地方依恋维度存在较大差异。例如，东南亚文化群体和我国港澳台文化群体对街区的本真性要求高，从而对商业化街区（如南锣鼓巷）产生地方冷漠感、地方陌生感等负面地方情感；反之，文化异质性高的盎格鲁文化群体、欧洲文化群体，对原真性高的旅游街区（如东四三条至八条）的地方认同感低，而对商业化程度高的南锣鼓巷街区地方认同感高。造成这种差异的原因可能是由于商业化街区中的现代化店铺能够唤起高文化异质性的旅游群体的地方熟悉感，而产生更加正面的地方情感；而原汁原味的东四三条至八条街区的客体本真性不仅难以被高文化异质性群体所感知，甚至可能被误读，故难以产生诸如沉浸传统历史文化或享受独特精神体验等方面的地方认同感。公共设施的不完善会导致文化群体的负面地方情感，但文化异质性决定了不同群体地方依恋中负面情绪的强度。文化异质性越大，对公共设施的宽容度越低，更容易导致地方陌生感等负面地方情感。而不同文化群体之间的文化异质性主要受到地理距离、语言、宗教信仰和文化观念的影响。本书的研究结论验证和丰富了张高军等（2016）的推断，即群体间文化差异越大，目的地形象的差异越大；群体间文化差异越小，目的地形象的差异也越小。

8

历史文化街区形象提升与旅游利用建议

历史文化街区是具有丰富历史底蕴和发展空间的区域，是活着的文化遗产。历史文化街区既是北京古都风韵的代表、京味文化的承载物，也是城市发展建设的重要资源。保护历史文化街区，有利于传承传统文化，保存历史文物，增进文化认同，构建和谐的人居环境，打造独特的城市文化名片。然而，随着经济社会的发展，历史文化街区和新式城市建设的冲突日益激烈，各种历史遗留问题迟迟未得到解决，街区内普遍存在建筑老化、基础设施落后、居住空间挤压等问题。同时，历史文化街区作为相对固定的城市单元，其建筑规制和整体风貌与现代城市布局迥异，易造成“城中村”的现象。同时，传统的居民生活方式与现代社会生活和就业需求不符，降低了当地和附近居民的生活质量。

因此，尽管保护历史文化街区会带来较高的社会效益，但单纯的保护与复建不能创造足够的经济价值，会进一步导致保护历史文化街区的现实动力不足。长此以往，历史文化街区无法形成良性的保护与运转机制，必然会造成更大的经济社会问题。只有将科学保护和合理的开发利用有效结合，才能探索、打造更加合理的街区发展模式。因此，本书在游客对历史文化街区的形象感知研究的基础上，对历史文化街区的保护、开发及形象提升提出以下几点建议。

8.1 打造良性商业生态

历史文化街区只有完善管理条例，规范街区旅游开发的方式，形成合理的运营模式，才能解决其保护的资金渠道问题，打造良性商业业态和经济循环，实现街区的自我生长与发展。

本书的 3 个历史文化街区中，东四三条至八条街区尚属于较为纯粹的居民区，无大规模、有规划的商业开发行为，街区内商业店铺处于自我生长、发展、淘汰的自发模式。国子监街区范围较大，但只有国子监、雍和宫附近的街道受旅游业影响，出现一系列以游客为主要客户的商业店铺。南锣鼓巷街区作为最早一批被开发的胡同，主街已经形成了相对完整的商业体系，十六条支巷胡同、北锣鼓巷及附近的胡同也受到一定浸染，但尚未形成较大规模。因此，根据南锣鼓巷主街的商业发展情况，可以推测其他历史文化街区的发展趋向。

由前述研究可知，历史文化街区的商业化是一柄“双刃剑”。历史文化街区的商业化开发会提升高文化异质性旅游群体的地方认同感，但同时也会削弱高文化邻近性旅游群体的地方认同感。因此需要平衡好本真性保护与商业化开发之间的关系，避免不当或过度改造对历史文化街区的原有风貌造成破坏，使街区在开展商业活动的同时也能保留、传承、宣传在地文化。

在街区的商业业态规划方面，应该对本地游客、国内游客、入境游客按照不同的文化群体进行市场细分，合理规划满足不同细分客群的商业业态和文化业态；规范业态准入和退出机制；采用本地居民与商家合作共建的“微更新模式”，防止本地居民的流失。本书发现，不同文化群体、国家或地区的文化体系因价值取向、思维模式和行为方式不同，而导致文化差异，形成不同的文化群体。东亚文化群体、东南亚文化群体和我国港澳台文化群体渴望感受传统文化氛围，盎格鲁文化群体和欧洲文化群体乐于体验时尚现代的商业。东亚文化群体和欧洲文化群体注重文化体验类项目；盎格鲁文化群体和东南亚文化群体偏好美食和购物。因此，历史文化街区在规划商业业态和进行店铺设计时，要兼顾传统历史风貌和现代时尚，既要有体现地方传统文化的老字号、北京特色小吃、老北京民俗商品店，也要有满足各种文化群体需求的餐饮、咖啡厅、书店、文创商品店等休闲店铺。

针对南锣鼓巷商业气息过浓的问题，应劝退清理千街一面的低端餐饮和低端商铺，大力发展文化体验式消费项目。受中央戏剧学院、国家话剧院等艺术机构的熏陶，南锣鼓巷的文创起步于20世纪90年代，经过将近30年的发展已经初具规模，成为享誉海外的老北京胡同游代表。文化创意已经成为南锣鼓巷街区强有力的名片之一，发展文化创意事业和产业是该街区打造可再生商业生态的良好契机。2016年南锣鼓巷整修后，清除了一批缺乏地方特色的店铺，积极鼓励文化创意产业和非物质文化遗产产业驻扎，如非遗体验馆、非遗专卖店、非遗传承人小吃等。此外，南锣鼓巷街区还存在店铺更新换代快、商业模式不稳定的情况，如2013年的网络游记中提到的“三棵树”“王老太私房萌物”今已不存，这一现象与当地租金水平和商业业态有关：①南锣鼓巷街区作为历史上的“富人区”，附近有大片保留较为完善的四合院落，主街经过商业开发后地租昂贵。②主街上的店铺具有同质化趋向，主要包括带有鲜明北京特色的传统美食，外来人气小吃，传统手工艺品、民族服装，文化创意产品等。店铺密集、规模普遍较小、同类店铺聚集，随着社交媒体和各类第三方消费点评网站的发展，游客可以通过更多渠道了解街区内的人气店铺，从而造成知名老店生意兴旺而新兴店铺游客零星的两极分化的态势，进而导致老店铺不断扩张，新店铺难以为继，店铺更新频繁而缺乏长久的生命力。保持店铺较为持久的生命力和良性的更新周期，是优化历史文化街区商业开发模式的必然选择。

对缺乏旅游利用的东四三条至八条街区，应使用传统工艺尽力还原历史风貌，营造胡同绿色微景观，打造天然的胡同文化和北方民居建筑活态博物馆，此外还应将风貌保存较好的四合院开发为非遗小吃、餐厅、咖啡厅、非遗体验店等，同时还要针对不同文化群体的特点开发不同的解说词，将北方民居建筑的结构特点，影壁、垂花门等构筑物以及“天棚鱼缸石榴树”的老城记忆通过讲故事的形式介绍给入境游客。而国子监街区应在孔庙、国子监景点增设多语解说，丰富国学文化活动的形式和内涵。

8.2 打造城市文化客厅

历史文化街区应有计划地引入文化产业，以体验式、博物馆式、花园式等为特色进行适度开发，探索历史文化街区商业与社交、人文、艺术、生态等更多层面的融合，提升文化产品的数量和质量，推动历史文化街区传统商业业态的更新，打造城市文化客厅。将文化观光和旅游体验相结合，可以增强游客参与感和体验感，打造传统历史文化街区旅游开发新模式，引导街区旅游业由“观光游”向“体验游”和“深度游”的方向转变。

首先，历史文化街区应该充分利用街巷空间及历史建筑以满足商业需求，保留街区古韵。在维护街区正常生活秩序的基础上，扩大文化旅游开发的范围，开发文化体验类旅游产品，如老北京非物质文化遗产的展示、制作体验活动，名人故居研学活动等，为街区的在地文化、非遗资源等寻找活化和变现的窗口，做到在保护在地文化、传承历史文脉的基础上开展商业活动。

其次，历史文化街区还可以尝试引入新锐文化艺术活动、沉浸式体验活动等。可以将高品质的文化艺术活动引入历史文化街区，如音乐节、戏剧、展览、夜生活节、科学魔术课堂、阅读市集、国际美食嘉年华、亲子艺术互动、乐队演出、社群活动等，打造新的演艺空间产品；还可以将文化创意和时尚艺术新业态植入历史文化街区，逐步集形成艺术设计所、潮牌、买手店、画廊等时尚消费于一体的艺术生活社区。

最后，对历史文化街区中的名人故居应进行腾退，并依据故居原貌对其进行合理修缮和适度开发利用。根据名人故居的区位、建筑主体和内部家具保存情况、故居主人职业、居住时所处人生阶段等因素选择不同的保护开发模式，将名人故居以民宿、咖啡馆、图书馆、画廊、文创店铺等多种形式向公众开放。从上海名人故居保护状况来看，保护较好的故居不少都嫁接了商业用途，如一站式商业城、咖啡馆、书店、会所等。曾为爱国将领冯玉祥和革命诗人柳亚子寓所的思南书局，如今被打造成兼具书店、展览与会客厅功能的文化体验空间，颇受当下年轻人喜欢。此外，充分挖掘名人故居背后的文化，结合名人生平事迹开发沉浸式文化体验产品也是名人故居活化利用的新思路。福州三坊七巷将剧本杀这一新兴业态引入古厝，根据小黄楼第一任主人——名儒黄璞生平事迹衍生出的沉浸式文化体验产品《黄楼侠客行》，包含体验沉浸式剧场《游历江湖》及沉浸式剧本杀《风起闽都》，将小黄楼游览、剧情观赏与烧脑的剧情探索结合起来，让游客在沉浸式体验的同时感受古建筑和闽都文化。福州梁厝鹰头 18 号的燕山居将游客的娱乐文化需求与历史街区的建筑环境氛围相融合，开发了一款名为《燕山赋》的剧本杀。该剧本围绕梁厝的历史，融入了茉莉花茶制作、青红酒酿造等非遗元素，并根据当天环境，在剧本演绎中适时加入骑马、吃锅边糊等活动，盘活了整个梁厝的旅游资源。

北京市历史文化街区可以汲取这些成功经验，在注重建筑外观保护的同时，兼顾城市文化与名人精神的传承，从故居主人的职业和生平事迹中挖掘故居文化精神上的“根脉”，找到历史与现代城市生活的结合点，让名人故居“活”起来，为北京市民更丰富的精神生活持续注入文化养料。

8.3 完善街区基础设施

受各种历史、现实因素的制约，历史文化街区的建筑格局往往带有明显的历史遗留色彩，表现为胡同较为狭窄、院落密集、各种胡同交错复杂。随着保护历史文化遗产意识的回归，有关部门普遍对街区进行了整治与修缮，一定程度上恢复了部分四合院和街巷原貌。而知名度的提高必然会导致人流量的激增，节假日游客量的增加会导致街区拥挤，影响出游体验和游客对街区形象的认知，同时易造成历史建筑的加速损坏。因此，有必要在尊崇街区历史格局的基础上，对街区的生活、旅游设施进行完善。

综合3个历史文化街区的网络游记，可以看出天气、温度等自然环境因素会影响游客对街区的形象感知，如“也许会各有特色，但是当时下雨了，没带伞，雨停了才回雍和宫附近，所以走雨的夜路印象不太好”。在晴朗的夏秋季节，游记中会更多地出现天空、绿荫、落叶和其他植物的记录，游记情绪多为正向；而在暴雨天气，则会出现负面情感的记录。北京属季风性气候，夏季是北京的雨季，高强度降水和街区不够完善的排水设施使历史文化街区容易受到雨季内涝、污水溢出等问题的困扰，是雨季影响游客出游体验的主要因素。此外，历史文化街区内部遮蔽物有限，多数游客不得不选择在地铁站或附近餐厅避雨。因此，应对历史文化街区的排水设施进行改造提升，并完善遮阳、避雨等设施。

首先，历史文化街区的公共厕所是旅游公共服务的主要短板之一，与游客要求和国际旅游标准存在较大差距。许多入境游客对公共厕所数量过少、分布不均，缺少隔间、厕纸、洗手液等设施，卫生状况较差等问题表示不满。因此，推进“厕所革命”，建设、改造历史文化街区的旅游厕所对于提升游客满意度具有重要意义。在提升厕所服务质量的基础上，还应考虑厕所的“颜值”，应把历史文化街区独有的文化底蕴融进厕所的装饰设计中，使厕所的设计风格与历史文化街区的建筑、人文环境融为一体，如南京牛首山文化旅游区的一处名叫“眺望”的公厕，是一个有着观景长廊的古朴典雅、极具禅意的建筑。很多初来景区的游客会把它误认为景点、茶社，它于2016年被国际网站Design Curial评选为全球“最美公厕”之一。南京夫子庙内的厕所提出了“一厕一品”的设计理念，把状元文化、科举文化用装饰画、灯具等形式体现出来，让外地游客在如厕时，也好像是在“打卡”景点，加深游客对街区文化的认知程度。

其次，历史文化街区的基础设施在细节上应与街区整体风格保持一致。例如，统一规划随处可见的自行车停放点；在较为开阔的胡同或主要胡同的交叉口增设游客休闲座椅、凉亭，以减少游客随地就座休息；规范改善历史文化街区的垃圾回收系统，增加定点垃圾桶的数量和回收次数，尤其增加小吃集中的街道或店铺门口的垃圾桶分布密度，垃圾桶颜色应与建筑风貌契合。

最后，应增加历史文化街区的讲解类设施，提升解说词的故事性。目前，北京市历史文化街区存在缺乏讲解，或讲解枯燥、知识含量不高等问题。应通过“历史文化 + 场景体验 + 故事演绎”的形式，讲好街区故事，用引人入胜、幽默风趣、生动活泼的语言，将街区丰富的历史文化底蕴和历史人物的生平事迹讲出来，增进游客对历史文化街区的了解，使游客对历史文化街区的体验不仅局限于视觉、触觉、味觉等感官层面，更深入内心情绪的感染和情感的认同上。

8.4 适度修缮改造

习近平总书记指出：“一个城市的历史遗迹、文化古迹、人文底蕴，是城市生命的一部分。文化底蕴毁掉了，城市建得再新再好，也是缺乏生命力的。要把老城区改造提升同保护历史遗迹、保存历史文脉统一起来，既要改善人居环境，又要保护历史文化底蕴，让历史文化和现代生活融为一体。”应针对街区本身的性质与特色进行适度的修缮、维护、改造与开发。

历史文化街区普遍存在建筑质量差、基础设施落后、私搭乱建滋生等问题，严重影响街区居民的居住质量，导致历史文化街区原有年轻居民的流失。大部分年轻人从历史文化街区迁出后，再将房屋租赁给商户，使得街区的居住人口多为老年人和租赁人群，街区缺乏生机活力，街区功能也逐步发生变化。此外，历史文化街区普遍具有深厚的历史底蕴和丰富的历史遗留物，随着街区人口的增加和街区规模、功能的改变，部分遗留物年久失修或遭人为侵占改造。历史文化街区改造越来越受到城市规划管理部门的重视。然而，许多地方在历史文化街区改造的过程中，为了迎合现代市场的不同口味，对原本留有的历史遗迹或者建筑群大拆大建，或者重新“换装”，以吸引更多游客前往，这就导致历史文化街区充斥着商业味，商业类型“千城一面”，没有特色。

因此，在历史文化街区的古建筑修缮问题上，首先，对历史文化街区的修缮改造应坚持“保护为主、抢救第一、合理利用、加强管理”原则，杜绝“大拆大建”“拆真建假”“以假乱真”等现象；保护街区棋盘式道路网的骨架和胡同肌理，通过拆除违法建筑、封堵开墙打洞，恢复平房院落的历史风貌，保护四合院规制；不砍老树、不破坏传统风貌、不随意更改老地名；秉持恢复性修建、修旧如旧的理念，充分利用老物件、老材料和老工艺，发扬工匠精神对历史建筑修旧如旧，着力保护和传承以四合院为代表的北方民居建筑的传统风貌。在旅游旺季，对游客密集的胡同进行必要的限流与疏散，避免客流压力导致的拥堵和古迹磨损，尽可能地保护历史文化街区原本的风貌和功能。

其次，应保持历史文化街区的鲜明特色，维持街区原本的主要功能。针对许多“居改商”的店铺，用可逆性、最小干预性和可追溯性的原则进行历史还原，恢复“京韵大市”的旧时风貌；对传统门楼进行古法修复，精细保护细部构件，保留老物件、富有特色的古代文字、富有时代特色的墙壁标语、老物件等，力争还原历史风貌，彰显传统建筑特色；利用历史建筑打造历史景观空间、文创空间和新消费空间；加强重点地段的雕塑、艺术装置设计。

最后，采用多途径营造胡同绿色微景观，建设生态宜居、人与自然和谐共生的街巷空间。例如，采用“绣花”“织补”等微改造方式增加公共开放空间；利用小微空间、历史遗留场所“见缝插绿”，建设传承历史风韵的主题性口袋公园、屋顶花园，营造宜人的街区环境和丰富的公共体验空间；鼓励社区居民开展门前、院落绿化，对花池、花木进行认养，增加胡同绿化面积，着力展现“天棚鱼缸石榴树”的胡同风情。

参考文献

Asseal H. (1998). Consumer Behavior and Marketing Action 6th[M]. California: South-Western College Publishing, 233-235.

Baloglu S, Brinberg D. (1997). Affective Image of Tourism Destination[J]. Journal of Travel Research, 35 (4): 11-15.

Baloglu S, McCleary K W. (1999). Model of Destination Image Formation[J]. Annals of Tourism Research, 26 (4): 868-897.

Beerli A, Martín J D. (2004). Tourists' Characteristics and the Perceived Image of Tourist Destinations: a Quantitative Analysis-A Case Study of Lanzarote, Spain[J]. Tourism Management, 25 (5): 623-636.

Boulding K. (1958). Secular Images of Man in the Social Sciences[J]. Religious Education, 53 (2): 183-184.

Bricker K S, Kerstetter D L. (2002). Level of Specialization and Attachment: An Exploratory Study of Whitewater Recreationists[J]. Leisure Studies, 22 (4): 233-257.

Chang H H. (2012). Cross-Cultural Comparsion of International Tourist Destination Images[J]. Tourism Culture and Communication, 11 (3): 183-199.

Cheng M, Wong I A, Liu M T. (2013). Cross-cultural Comparison of World Heritage Site Image: The Case of Hue[J]. Tourism Analysis, 18 (6): 707-712.

Crompton J L. (1979). Motivation for Pleasure Vacation[J]. Annals of Tourism Research, 6 (4): 408-424.

Crompton J L. (1979). An Assessment of the Image of Mexico as a Vacation Destination and the Influence of Geographical Location upon the Image [J]. Journal of Travel Research, 18 (4): 18-23.

Dwyer L, Chen N C, Lee J J. (2019). The Role of Place Attachment in Tourism Research[J]. Journal of Travel & Tourism Marketing, 36 (5): 645-652.

Ekman P, Friesen W V. (1971). Constants Across Cultures in the Face and Emotion[J].

Journal of Personality and Social Psychology, 17(2): 124–129.

Gartner W C. (1994). Image Formation Process[J]. Journal of Travel and Tourism Marketing, 2(2–3): 191–216.

Grosspietsch M. (2006). Perceived and Projected Images of Rwanda: Visitor and International Tour Operator Perspective[J]. Tourism Management, 27(2): 225–234.

Gulick J. (1963). Images of an Arab City[J]. Journal of the American Institute of Planners, 29(3): 179–198.

Gunn C. (1988). Vacationscapes: Designing Tourist Regions[M]. New York: Van Nostrand Reinhold.

Hammitt W E, Stewart W P. (1996). Sense of Place: A Call for Construct Clarity and Management[C]. Sixth International Symposium on Society and Resource Management, University Park, PA, (3): 19–23.

Henkel R, Henkel P, Agrusa W, et al. (2006). Thailand As a Tourist Destination: Perceptions of International Visitors and Thai Residents[J]. Asia Pacific Journal of Tourism Research, 11(3): 269–287.

Hosany S. (2012). Appraisal Determinants of Tourist Emotional Responses[J]. Journal of Travel Research, 51(3): 303–314.

Hudson S, Wang Y, Gil S M. (2011). The Influence of a Film on Destination Image and the Desire to Travel: A Cross-cultural Comparison[J]. International Journal of Tourism Research, 13(2): 177–190.

Hunt J D. (1975). Image as Factor in Tourism Development[J]. Journal of Travel Research, 13(3): 1–7.

Izard C E. (1977). Human Emotion[M]. New York: Plenum Press.

Kaplanidou K. (2009). Relationships Among Behavioral Intentions, Cognitive Event and Destination Images among Different Geographic Regions of Olympic Games Spectators[J]. Journal of Sport & Tourism, 14(4): 249–272.

Kim H, Richardson S L. (2003). Motion Picture Impacts on Destination Images[J]. Annals of Tourism Research, 30(1): 216–237.

Kyle G, Graefe A, Manning R, et al. (2003). An Examination of the Relationship Between Leisure Activity Involvement and Place Attachment among Hikers along the Appalachian Trail[J]. Journal of Leisure Research, 35(3): 249–273.

Lawson F, Bond-Bovy M. (1977). Tourism and Recreational Development[M]. London: Architectural Press: 159-184.

Lee G. (2009). Cross-cultural Comparison of the Image of Guam Perceived by Korean and Japanese Leisure Travelers: Importance-performance Analysis[J]. Tourism Management, 30 (6): 922-931.

Lee W, Gretzel U, Law R. (2010). Quasi-trial Experiences through Sensory Information on Destination Websites[J]. Journal of Travel Research, 49 (3): 310-322.

Liu L, Zhou B L, Zhao J H, et al. (2016). C-IMAGE: City Cognitive Mapping through Geo-tagged Photos[J]. Geo Journal, 81 (6): 817-861.

Mac Cannell D. (1999). The Tourist: A New Theory of Leisure Class, With a New Introduction[M]. California: University of California Press.

Mackay K J, Couldwell C M. (2004). Using Visitor-Employed Photography to Investigate Destination Image[J]. Journal of Travel Research, 42 (4): 390-396.

Peng X, Bao Y, Huang Z. (2020). Perceiving Beijing's "City Image" Across Different Groups Based on Geotagged Social Media Data[J]. IEEE Access, 8 (1): 93868-93881.

Plutchik R. (1980). Emotion: A Psychoevolutionary Synthesis[M]. New York: Harper & Row.

Richardson S L, Crompton J L. (1988). Cultural Variations in Perceptions of Vacation Attributes[J]. Tourism Management, 9 (2): 128-136.

Ronen S, Shenkar O. (1985). Clustering Countries on Attitudinal Dimensions: A Review and Synthesis[J]. The Academy of Management Review, 10 (3): 435-454.

Russell J A. (1980). A Circumplex Model of Affect[J]. Journal of Personality and Social Psychology, 39 (6): 1161-1178.

Shamai S. (1991). Sense of Place: An Empirical Measurement[J]. Geoforum, 22 (3): 347-358.

Shumaker S A, Taylor R B. (1983). Toward a Clarification of People Place Relationships: A Model of Attachment to Place. Environmental Psychology: Directions and Perspectives[M]. New York: Praeger.

Salesses P, Schechtner K, Hidalgo C A. (2013). The Collaborative Image of the City: Mapping the Inequality of Urban Perception[J]. PLoS One, 8 (7): e68400.

Trope Y, Liberman N. (2010). Construal-level Theory of Psychological Distance[J]. Psychological Review, 117 (2): 440-463.

Urry J. (2002). The Tourist Gaze[M]. London: Sage.

Vu H Q, Li G, Law R, et al. (2015). Exploring the Travel Behaviors of Inbound Tourists to Hong Kong Using Geotagged Photos[J]. Tourism Management, 46: 222-232.

Williams D R, Patterson M E, Roggenbuck J W, et al. (1992). Beyond the Commodity Metaphor: Examining Emotional and Symbolic Attachment to Place[J]. Leisure Sciences, 14 (1): 29-46.

Williams D R, Roggenbuck J W. (1989). Measuring Place Attachment: Some Preliminary Results[C]. Conference: National Parks and Recreation, Leisure Research Symposium at: San Antonio, TX: 12-16.

Yüksel A, Akgül O. (2007). Postcards as Affective Image Makers: An idle Agent in Destination Marketing[J]. Tourism Management, 28 (3): 714-725.

Zhou B, Liu L, Oliva A, et al. (2014). Recognizing City Identity via Attribute Analysis of Geo-tagged Images[C]. European Conference on Computer Vision, Springer, 8691: 519-534.

白凯，马耀峰，李天顺 . (2006). 旅游目的地游客体验质量评价性研究——以北京入境游客为例 [J]. 北京社会科学，(5): 54-57.

白凯，张春晖，郑荣娟，等 . (2011). 跨文化群体游客的中国旅游目的地意象色彩认知 [J]. 地理科学进展，30 (2): 231-238.

白凯 . (2012). 旅华美国游客目的地城市色彩意象认知研究 [J]. 地理学报，67 (4): 557-573.

白凯，陈楠，赵安周 . (2012). 韩国潜在游客的中国旅游目的地意象认知与行为意图 [J]. 旅游科学，26 (1): 82-94.

曹越皓，龙瀛，杨培峰 . (2017). 基于网络照片数据的城市意象研究：以中国 24 个主要城市为例 [J]. 规划师，33 (2): 61-67.

常雪梅，程宏毅 . (2019). 习近平春节前夕在北京看望慰问基层干部群众 [N]. 人民日报，2019-02-2 (1).

陈岗 . (2013). 旅游吸引物符号的三种形态及其研究展望 [J]. 旅游科学，(3): 26-36.

陈岗 . (2012). 旅游吸引物符号的双层表意结构与体验真实性研究 [J]. 人文地理，(2):

50-55.

程德年，周永博，魏向东 .（2015）. 微电影与宣传片：旅游形象视频表征内容分析与结构研究 [J]. 旅游学刊，（10）：109-121.

池丽萍 .（2011）. 从“空间”到“地方”：女性青少年依恋的社会微环境研究 [J]. 首都师范大学学报（社会科学版），（1）：73-77.

崔晓燕 .（2017）. 旅游者体验视角下的历史街区旅游吸引力研究 [D]. 成都：四川师范大学 .

邓力凡，谭少华 .（2017）. 基于微博签到行为的城市感知研究——以深港地区为例 [J]. 建筑与文化，154（1）：204-206.

[瑞士] 费尔迪兰·德·索绪尔 .（1980）. 普通语言学教程 [M]. 高名凯译 . 北京：商务印书馆.

冯捷蕴.（2011）. 北京旅游目的地形象的感知——中西方旅游者博客的多维话语分析 [J]. 旅游学刊，26（9）：19-28.

高峻，韩冬 .（2014）. 基于内容分析法的城市历史街区意象研究——以上海衡山路—复兴路历史街区为例 [J]. 旅游科学，28（6）：2-11.

顾朝林，宋国臣 .（2001）. 北京城市意象空间及构成要素研究 [J]. 地理学报，56（1）：64-74.

古丽扎伯克力，辛自强，李丹 .（2011）. 地方依恋研究进展：概念、理论与方法 [J]. 首都师范大学学报（社会科学版），（5）：86-93.

贾跃千，宝贡敏，路文静 .（2009）. 基于国籍差异的杭州市入境旅游市场目的地感知形象研究 [J]. 经济地理，29（3）：510-515.

金晴 .（2018）. 熟悉度对旅游目的地形象的影响研究——以韩国游客为例 [D]. 济南：山东大学 .

[美] 凯文·林奇 .（2001）. 城市意象 [M]. 方益萍，何晓军译 . 北京：华夏出版社 .

李萍，陈田，王甫园，等 .（2017）. 基于文本挖掘的城市旅游社区形象感知研究——以北京市为例 [J]. 地理研究，36（6）：1106-1122.

李巍，张树夫 .（2002）. 旅游地形象的认知与构建 [J]. 资源开发与市场，18（6）：27-30.

李郇，许学强 .（1993）. 广州市城市意象空间分析 [J]. 人文地理，8（3）：27-35.

黎耀奇，关巧玉 .（2018）. 旅游怀旧：研究现状与展望 [J]. 旅游学刊，33（2）：105-116.

[法]罗兰·巴尔特.(2008).符号学原理[M].李幼蒸译.北京:中国人民大学出版社.

刘逸,保继刚,朱毅玲.(2017).基于大数据的旅游目的地情感评价方法探究[J].地理研究,36(6):1091-1105.

马秋芳.(2014).陕西省旅游手册营销图片内容分析[J].旅游论坛,(1):84-89.

马耀峰,李创新,张佑印,等.(2008).不同文化群体来华游客认知评价的差异性研究——以六大旅游热点城市为例[J].地域研究与开发,(2):76-80.

闵祥晓.(2018).目的地旅游意象与旅游者地方依恋关系的理论解析[J].广西社会科学,(9):83-86.

彭聃龄.(2001).普通心理学[M].北京:北京师范大学出版社.

[美]查尔斯·桑德斯·皮尔斯,詹姆斯·雅各布·李斯卡.(2014).皮尔斯:论符号[M].赵星植译.成都:四川大学出版社.

皮瑞.(2018).旅游地意象视觉表征的比较研究:营销图片和游客照片[D].郑州:郑州大学.

田逢军,沙润.(2008).城市旅游地意象空间分析:以南昌市为例[J].旅游学刊,23(7):67-71.

王红国,刘国华.(2010).旅游目的地形象内涵及形成机理[J].理论月刊,(2):98-100.

王宁,刘丹萍,马凌.(2008).旅游社会学[M].天津:南开大学出版社.

王圣音,刘瑜,陈泽东,等.(2018).大众点评数据下的城市场所范围感知方法[J].测绘学报,47(8):1105-1113.

王曦.(2000).城市特色与城市意象形态[J].规划师,(6):112-114.

韦晨.(2017).基于游客情感分析的旅游地形象感知测量[D].南京:南京师范大学.

吴晋峰.(2014).旅游目的地形象"拼图"及测评方法[D].陕西师范大学学报(自然科学版),(6):85-93.

吴礼华.(2016).基于手机记录数据的城市空间感知及应用研究[D].武汉:武汉大学.

徐磊青.(2012).城市意象研究的主题、范式与反思:中国城市意象研究评述[J].新建筑,(1):114-117.

易峥,李继珍,冷炳荣,等.(2017).基于微博语义分析的重庆主城区风貌感知评价[J].地理科学进展,36(9):1058-1066.

张高军，吴晋峰 .（2016）. 不同群体的目的地形象一致吗？——基于目的地形象群体比较研究综述 [J]. 旅游学刊，31（8）：114-126.

张宏梅，陆林，章锦河 .（2006）. 感知距离对旅游目的地之形象影响的分析——以五大旅游客源城市游客对苏州周庄旅游形象的感知为例 [J]. 人文地理，（5）：25-30，83.

张中华，文静，李谨 .（2008）. 国外旅游地感知意象研究的地方观解构 [J]. 旅游学刊，（3）：43-49.

赵春艳，陈美爱 .（2019）. 基于网络文本分析的游客满意度影响因素分析 [J]. 统计与决策，35（13）：115-118.